世界上最伟大的哲学家

徐勋民◎编著

经典插图

青少年课外读物
强力推荐读本

本书引人入胜地描述了世界伟大的哲学家生活和思想，正是他们改变了我们看待世界的方式。我们可以发现世界上最伟大的思想家和哲学家的真实故事。简述他们的思想发展历程以及他们思考得出的一些结论。

古吴轩出版社

图书在版编目（CIP）数据

世界上最伟大的哲学家／徐勋民编著.—苏州：
古吴轩出版社，2012.10
ISBN 978-7-80733-913-7

Ⅰ.①世… Ⅱ.①徐… Ⅲ.①哲学家—列传—世界—
青年读物②哲学家—列传—世界—少年读物 Ⅳ.
①K815.1-49

中国版本图书馆 CIP 数据核字(2012)第 215104 号

责任编辑：王 琦
见习编辑：陆九渊
装帧设计：北京盛世博悦

书 名：**世界上最伟大的哲学家**
编 著：徐勋民
出版发行：古吴轩出版社
地址：苏州市十梓街458号 邮编：215006
Http://www.guwuxuancbs.com E-mail: gwxcbs@126.com
电话：0512-65233679 传真：0512-65220750
印 刷：北京市凯鑫彩色印刷有限公司
开 本：710×1000 1/16
印 张：11
字 数：102 千字
版 次：2015 年 6 月第 1 版第 2 次印刷
书 号：ISBN 978-7-80733-913-7
定 价：29.80 元

如有印装质量问题，请与印刷厂联系。010-52219061

内容简介

　　哲学是什么？哲学是理论化、系统化的世界观，更是世界观和方法论的统一。哲学还是自然知识、社会知识、思维知识的概括和总结，是社会意识的具体存在和表现形式，是以追求世界的本源、本质、共性或绝对、终极的形而上者为形式，以确立哲学世界观和方法论为内容的社会科学。哲学一词源出希腊语 philosophia，意即"热爱智慧"。哲学的根本问题是思维和存在、精神和物质的关系问题。总之，哲学是带有根本性和概括性问题的学科，是一切学科的基础。而哲学家则指的是研究哲学的人，他与思想家有一定的区别。简单地说，哲学想创造一种思想能力，而不是某种知识。

　　本书选取了古今中外历史上的 8 大哲学家，讲述他们的精彩人生以及各自的哲学思想，他们的一切都是人类的精神食粮。如果大家能够从这些哲学家的一生中获取某种营养，或者能够引起大家的某种思考。那么，我们的目的就达到了。

目　　录

三、英国唯物主义始祖——培根

四、学徒出身的思想家——卢梭

五、不朽的哲学泰斗——康德

六、客观唯心主义的集大成者——黑格尔

七、共产主义的创始人——马克思

八、精神分析学之父——弗洛伊德

一、儒门大圣
——孔子

鲁襄公二十二年，即公元前551年的夏历八月二十七日，一位身怀六甲的妇人在一位年迈的、武士打扮的人的陪同下，前往尼丘山祈求山神赐子赐福。向山神祈祷完毕之后，妇人有些累，于是他们就来到一个山洞中休息。可能由于过度疲劳的原因，也或许是山神显灵，结果这名妇人在山洞中分娩了一名男婴。这个婴儿就是儒家学派的创始者，中国历史上最伟大的哲学家、政治家、思想家、教育家孔子。

在中华民族5000多年的灿烂文明中，在中国历史的进程中，在中国文化理想的建立中，孔子具有最为深远的影响和最大的贡献，可以说无人能与他相提并论。他不仅仅属于中华民族，也是世界文化的一部分。孔子的思想至今仍然闪烁着人类智慧的璀璨光辉！

少年多磨难

孔子（前551—前479），名丘，字仲尼。

据传说，孔子在刚刚生下来的时候，他的头顶四周高、中间低，看起来就像一座小尼丘山，所以他父亲给他取名为"丘"，字"仲尼"。此外，"仲"还有一个意思，就是指在兄弟中排行第二。

当时是中国历史上的春秋战国时期，这是一个"礼崩乐坏"的动荡时代。孔子的先祖孔父嘉原本是宋国的贵族，后来在宋国统治集团的政治斗争中被杀害。为了躲避杀身之祸，孔子的曾祖父孔防叔逃到了鲁国陬邑（今天的山东曲阜东南），并在这里定居下来，从此就成了一名鲁国人。到了鲁国后，孔家就丧失了原先在宋国的社会地位，并成为没有权势的末落贵族。孔子的父亲叔梁纥是鲁国一位很有名的武士，他曾经两次立下了战功，但是并没有因为战功而被加官进爵。他早年时曾经娶妻施氏，并且先后生下了9个女儿，但是没有儿子。后来，他又纳了一个妾，生下一个儿

孔子像

子，取名叫孟皮。然而，没想到这个儿子是一个瘸子。叔梁纥对此耿耿于怀。他希望能够有一个像模像样的继承人。所以，在他64岁这年，又迎娶了一个年仅17岁的名叫颜征在的女子为妾。不过，按照当时的社会风俗，因为两个人的年龄实在悬殊，所以被称为"野和"。二人结婚后不久，这名小妾就怀孕了，于是，二人前往尼丘山祈祷求子，因此就在尼丘山的一处山洞中生下了孔子。

孔子从小就天资聪颖、活泼可爱。在孔子大约3岁的那一年，他的父亲叔梁纥突然因病去世。母亲颜征在为了躲避丈夫那复杂的家庭环境，就独自带着年仅3岁的儿子离开了叔梁纥家，并迁居到了鲁国的国都曲阜。

母子二人在曲阜的生活过得非常辛苦，常常衣不蔽体，食不裹腹。再加上由于颜征在和叔梁纥的婚姻被人称为"野和"，所以他们还经常受到别人的冷眼、嘲讽和鄙视。在那个时代，一个女人要出人头地，要么依靠

古人绘制的关于孔子出生时的图画

丈夫，要么依靠儿子。丈夫去逝后，颜征在唯一的希望就是儿子。所以，颜征在把自己对生活全部的希望都寄托在了儿子的身上。她精心培养儿子，希望儿子能够用心学习，有一天靠学问步入仕途，跻身于鲁国贵族的行列。

家庭的变故，世人的冷遇和白眼，母子俩贫寒交迫的生活，母亲的惆怅和对儿子的殷切希望，这一切都在幼年孔子的心灵之中深深地扎下了根。年幼的孔子过早体验到了人情的冷暖，因此养成了一种遇事谨慎小心，凡事循规蹈矩的性格。

孔子他从小待人处事都特别很周到，在遇到事情的时候他善于思索，所以深得母亲的喜爱。颜征在通过各种方式对儿子进行教育，让孔子能够努力学习各种礼仪和技能。在当时，士族大家中的子弟几乎都要学习礼乐射御书数这"六艺"，以作为他们将来谋生的手段和进身仕途的资本。孔子也不例外。他最先学习的是"礼仪"，并且他对礼仪也是最感兴趣的。每逢曲阜城内举行祭祀活动的时候，他总是要叫上母亲陪着他一同前去观看。由于他渐渐地看得多了，见的世面多了，所以到了他五、六岁的时候，基本上就能够看懂各种祭祀活动了。就连他在玩游戏的时候，也能够把自己制作的各种各样的小祭器摆放在桌子上，然后按照祭祀的次序进行演练。从这里可以看见，在孔子那年幼的心灵里，"礼"已经深深地扎下了根，并有着至高无上的地位。

贫寒的生活，困苦的磨练，培养了孔子在逆境中顽强进取的精神。在当时，鲁国是东方文化的中心。所以，孔子不仅仅学习"六艺"，而且他还受到传统文化的熏陶。他曾经说："吾十又五而志于学。"从这里可以看出，孔子在少年时期就已经确立了学习的志向。他的求知欲望非常强烈，而且这种勤奋好学的精神几乎贯穿了他的一生。

励志勤学

大概在孔子 17 岁的那一年，他的母亲颜征在因为操劳过度而去世。在母亲去世以后，孔子就开始了独立生活。因为他家里贫穷而且又没有政治上的靠山，所以，为了生活，他只好从事一些在当时的人们看来极为低贱的职业。据说，他曾经给人当过吹鼓手。在他 20 岁时，还曾经一度做过季氏的"委吏"和"乘田"。委吏的工作主要是帮助管理仓库账目；乘田的工作主要是帮助管理牛羊。虽然这些工作都是那么的卑微，让人看不起，可是孔子做得很认真，而且他把工作做得很细致，井井有条，初步显示出了他的才干。

虽然孔子出身于一个末落的贵族家庭，按理说他的社会身份应该属于"士大夫"阶层，然而，由于他家境贫寒，没有进入仕途，所以实际上他的身份仍然是平民。由于平民的身份，孔子没少受人冷遇和白眼。就在母亲去世后不久，鲁国的执政大夫季孙氏曾经宴请"士"，当时，孔子自以为有资格，就前去参加。没想到当他走到季孙氏的家门口时，却季孙氏的家臣阳虎拦住了。阳虎傲慢地对孔子说："季家宴请的是士，你没有资格参加！"结果，孔子不仅没有能够参加宴会，而且还被人嘲讽一通，这深深伤害了孔子。所以，孔子对社会现实有着强烈的不满情绪，也促使他更加努力地奋斗，并树立了要改造社会的伟大理想。

大约在孔子 19 岁那年，他迎娶了宋国女子亓官氏为妻。一年后，他们

生下了一个儿子。得知孔子有了儿子后，亲朋好友们纷纷上门道贺。这时，鲁国的国君鲁昭公因为孔子是"以武力闻于诸侯"的武士的后代，并且孔子的母亲家族也是曲阜大族，再加上孔子好学知礼，在当时已经小有名气，所以也特地派人送去了一条大鲤鱼。由于得到了鲁国国君的赏赐，孔子感到非常荣耀，就给儿子取名为鲤，字伯鱼。

一方面，孔子为生计而奔波；另一方面，他一直没有忘记过学习，而且他从来不放过任何一个可以学习知识的机会。据说，当时有一个名叫郯子的人，此人博学多才，对许多上古时期的职官制度都非常了解。有一次，郯子前去朝见鲁公。鲁国的大夫向郯子请教，问了许许多多有关少昊时期以鸟名官的情况，郯子都一一给与了详细的解答。当孔子知道了在得知郯子在鲁国的这一消息后，就急忙前去往拜见他，并当面向郯子并请教了许多有关少昊时代职官制度方面的问题。他提的问题和一些见解，都令郯子感到惊异，并对他大加称赞。

孔子勤学不怠，终于小有名气，当时有不少人都慕名前去向他拜师。但是，孔子并没有沾沾自喜，他更加谦虚，他学习更为勤奋。他还曾经前去向老子请教。据说，当孔子决定要去拜见老子后，就先告诉了妻子。听了他的话，妻子很不理解，说："我听别人都说你博学，难道你的学问还不够吗？为什么还要跑那么远去向别人学习呢？"孔子笑着对妻子说："学问就像大海一样！我又怎么能够学得完呢！"

就这样，孔子从曲阜起程，踏上了求见老子的道路。他一路上披星戴月、风餐露宿，有时甚至不眠不休，终于在一个月后抵达了洛邑，并成功见到了老子。

据说老子曾经在周朝担任类似于现在的图书管理员的工作，接触过非常丰富的文物史料。而且老子的年纪比孔子大很多，并且饱经沧桑。其经验和阅历自然也在孔子之上。孔子年富力强，对渴求知识有着极高的热情。见到老子后，他虚心向老子请教，在老子的指点下，他取得了很大的

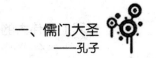

进步。孔子向老子请教了很多东西，尤其是"礼"。老子把自己知道的毫无保留地教给了孔子，对孔子的疑问作了全面而且深刻的解答。孔子十分尊敬老子，赞赏老子的学识，老子也非常器重虚心求知的孔子。

孔子不仅仅向老师和前辈学习，更难能可贵的是，他还能够不耻下问。他曾经说："三人行，必有我师焉。"所以，即使是那些学问修养不如他的人，他一样虚心向他们求教，包括他的学习。他一边教授学生知识，一边从乐此不疲地向学生请教，真正做到了教学相长。此外，孔子遇到问题时，有时还会虚心地向普通百姓请教，所以他说："十室之邑，必有忠信。"

发展教育

　　由于勤奋和努力，孔子在30岁左右，就系统地掌握了"六艺"，并且成为了一个博学多才的人。因此，他的名气越来越大，并受到了人们的尊重，社会地位也随之提高。听说了孔子的名字后，慕名前来向他请教求学的人也越来越多。

　　不过，在当时的社会中，教育基本上都被官府垄断了，只有士大夫和贵族才有机会接受教育，普通老百姓根本就不可能有读书和接受教育的机

孔子讲学图

会。可是，当时有许多生活在底层中的人，都渴望能够通过求学走上仕途，达到出人头地的目的。所以，孔子最后办起了私学，他私下讲学，一举打破了官府对教育的垄断。

孔子办教育的目的是为了给统治阶级培养"仁政"、"礼治"需要的人才，并等待出任的机会，实现自己的政治理想。孔子的政治理想是施行"仁政"，不过，他的这一理想与当时的社会现实是不相合的，所以在当时要想推行"仁政"是万万不可能的。不过，孔子相信，要在一个国家推行"仁政礼治"，虽然要要依靠圣君、贤臣和良民，但是圣君、贤臣、良民并不是天生的，却是需要通过教育培养出来的。所以，孔子很重视教育的作用。他说：人之"性相近也，习相远也"。

孔子提出了"有教无类"的思想，即每一个人都应该接受教育。在孔子眼中，贤臣是实行"仁政礼治"的决定力量，而贤臣主要又是从那些受过教育的贤人、君子、士中选拔出来的。贤人具有最高的品德，只要当权者能够任用他，就自然能够成为贤臣，只要有了贤臣，那么就可以把国家治理好。君子就是德才兼备的知识分子，士却只是一般的知识分子。只要有了合格的君子和士，那么就能够从中挑选出贤臣。所以，孔子办教育的目的就是要通过教育，为国家培养出一批贤人和优秀的君子与士，可以供各国的国君选作为贤臣。只要能够通过贤臣来治理国家，并实行"仁政礼治"，那么就可以使国家达到像西周初年那样的"太平盛世"。

在孔子的教育思想中，第一位是德育。在孔子的德育思想中，主要是"文、行、忠、信"这四教。其中，文是指学习文化和历史知识，行是行动、行为的意思，忠是忠诚、忠心的意思，信是讲信义、信守承诺的意思，它们都是属于思想品德方面的修养。在孔子看来，对人的教育中，最重要的就是思想品德的教育，而文化知识的学习则是次要的，是从属于思想品德教育的。一个人只有先接受了思想品德的教育，然后学习的文化知识才能够有用处。所以，孔子要求弟子首先要培养自己具有奴隶主贵族的

思想品德，然后才学习各种文化知识。把德育教育放在整个教育思想的首位，这与孔子的"仁政礼治"的政治理想是分不开的。也就是说，只有先培养具有品德的人，然后才有可能实现"仁政礼治"。

孔子用来进行智育的教材是由他亲自整理的"六经"，也就是《诗》、《书》、《礼》、《乐》、《易》、《春秋》这六种古代文献。在这"六经"中，除了《春秋》以外，其余的都是西周时期贵族子弟接受教育的主要内容。

在教育中，孔子主张"有教无类"，也就是说，不管一个人的社会地位是高是低，是贵是贱，也不论一个人的经济条件是贫是富，都有接受教育的权利。孔子就是按照这个原则来招收学生的。任何人，只要能够交十条干肉作为学费，就可以成为孔子的学生。而且孔子的学生大多数都出身贫寒。例如，颜回曾经过着箪食瓢饮的生活，曾参身上穿的衣服破破烂烂的，十年都没有穿过一件新衣。正是由于孔子的教育思想，使得当时一大批平民百姓有了接受教育的机会，并获得了进入仕途的机会。所以，孔子对于普及教育，培养人才，起到了积极的作用。

据说，孔子在他的一生之中，曾经收了3000多名学生，而在这些学生中，最有名的有72人。这72名弟子跟随孔子学习"六经"、"六艺"，培养德性，陶冶情操，掌握了治国安邦之道。在他们中，有许多人最后都入仕为官，并且多多少少实现了孔子的一部分政治理想。

就这样，经过几十年的努力，经过不断的学习和总结，孔子的思想体系逐渐形成并得到了完善。众多的门人，其思想广泛的传播，使得以孔子为代表的儒家学派逐渐成为当时的一大学术流派。以至于在后来，儒家学派的影响都很深远。到了汉朝以后，儒学的地位逐渐提高，并且被西汉统治者接受，最终成为了中国封建社会中的正统思想。

政治理想

　　为了能够有朝一日实现自己的政治理想，一直以来，孔子孜孜不倦的追求就是从政为官。公元前517年，鲁昭公为了能够夺回季孙氏手中的权力，重新掌控朝政，他组织兵力对执政的季平子进行讨伐，结果使得鲁国发生了内乱，很多人为了躲避战乱都离开鲁国，逃亡到了其他国家。

　　鲁国发生战乱不久，孔子也带着学生来到了齐国。孔子到齐国前，齐景公曾经在鲁国拜访过孔子，并且和孔子一起讨论过治国之道。所以，孔子对齐景公抱有一线希望，他希望能够在见到齐景公后得到重用。

　　到了齐国后，为了能够见到齐景公，孔子最先在齐景公的亲信大臣高昭子家里做家臣。不久后，在高昭子的举荐下，孔子见到了齐景公。齐景公再次向孔子请教治国之道，孔子对齐景公说道："君君、臣臣、父父、子子。"对于孔子的这种"君为臣纲，父为子纲"的道德行为规范，齐景公颇为赞同，他也认为，如果一个国家没有礼治的规范，那么国家就没有办法维持长治久安。所以，经过在这次谈话后不久，齐景公又一次向孔子询问了如何增强加国力。孔子根据当时的齐国挥霍成风，针对这一的弊病，孔子对齐景公说道："正在节财。"孔子与齐景公之间的的这两次对话回答都切中了时政要害，而齐景公也对孔子的表现的回答自然也十分满意，并认为孔子能够帮助他安邦治国，是一个非常难得的人才，因此准备对孔子委以重任。可是，当时齐国有不少大臣对孔子的政治主张都持反对

态度，并暗中阻止齐景公对孔子的任用。于是，在大臣们的干涉下，齐景公最终不得不改变主意，打消了任用孔子的想法。孔子感到自己在齐国没有用武之地，于是就离开了齐国，重新回到了鲁国。

这时，鲁昭公因为讨伐季氏失败，被迫流亡在外，鲁国的朝政大权仍然牢牢地掌握在季氏的手中。但事实上，当时实际上控制着鲁国朝政的人却是季氏的家臣阳虎等人。当孔子回到鲁国后，他仍然以教书育人为主要职业。这时，孔子的社会声望已经相当高了。阳虎等人为了利用孔子的声望抬高自己的地位，为自己在政治上谋取更大的利益，就想方设法要拉拢孔子。不过，孔子没有被阳虎许诺给他的功名利禄打动。阳虎屡次前去拜见他，都被他拒绝了。但是，阳虎等人并不甘心，他们又利用当时的礼俗来拉拢孔子。当时有一条礼俗是这样规定的，当大夫赠礼给士时，如果士不在家，没有能够亲自接受，那么士就要亲自到大夫的家中去答谢。阳虎的用心被孔子看透了。于是，孔子就专程找了一个阳虎不在家里的日子前去答谢阳虎。

孔子对待阳虎的态度被鲁定公和季恒子等人看在眼里，更加增加了他们对孔子的好感和信任。所以后来，当鲁定公重新掌握了鲁国的政权之后，就逐渐开始起用孔子，让孔子也参予政事。

公元前501年，也就是在孔子51岁的这年里，他终于开始了自己的从政生涯。

最初，孔子首先被任命为中都宰，也就是鲁国中都县的行政长官。从政使得给孔子有了一个能够提供了一个实现自己的政治理想的机会。所以，当孔子上任以后，他就在中都宰任上按照自己的政治理想开始治理中都。例如，他强调仁政德治，所以注重"以政为德"；他主张节检、富民和教民，反对苛政；他还把教育和政治结合起来，主张为国家举荐贤德的人才，反对任人唯亲。在孔子的治理之下，一年以后，中都的老百姓开始过上了安定的生活，出现了安居乐业的太平景象，孔子也成为治理郡县的楷模。这使得孔子的威望在鲁国朝野都也得到了极大的提升。见了孔子治理中都的政绩后，鲁定公很高兴，他对孔子说："你是怎样治理中都的呢？把你治理中都的这套的办法拿来治理鲁国会怎么样呢？"听了鲁定公的话，孔子满怀信心地回答："用我治理中都这套方法来治理鲁国，同样会把鲁国治理好。"

于是，鲁定公任命孔子为司空，负责管理全国的工程。在担任司空期间，孔子尽心尽责，他把鲁国的各项工程都管理得井井有条。所以，孔子在担任司空期间，他得到了鲁国朝野上下的一致好评。

公元前500年，由于出色的政绩，孔子被擢升为大司寇。孔子接受大司寇的任命后不久，就为维护鲁国的利益立下了一功。公元前500年，齐景公约鲁定公前往夹谷会盟。当时，齐国强大，鲁国势弱，所以，齐国实际上是想通过这次会盟，逼迫鲁国承认齐国的地位，并成为齐的附庸国。虽然明知齐国的用心，鲁定公仍然决定赴约，并且带上了孔子和军队前往夹谷。结果在盟会上，齐国持强凌弱，对鲁国进行了侮辱和挑衅。当时，孔子为了维护鲁国的利益据理力争，并对齐国作了针锋相对的反击。在孔子的反击下，齐国知道自己在道义上已经输给了鲁国，而且鲁国的军队就驻扎在不远的地方，无可奈何的齐景公只好开始与鲁国认真会谈。在这次会盟中，鲁国不仅维护了自己的国威，并且还向齐国要回了一些被侵占的土地。

这次会盟的胜利主要得益于孔子的据理力争和努力，所以，在夹谷会盟之后，孔子在鲁国的声望再一次得到了极大的提高。在孔子54岁这年，他开始代理季恒子处理国事。孔子认为，要使鲁国强大起来，就必须首先解决君权旁落的问题，必须对地方割据势力进行打击，并把对全国朝政的控制权牢牢掌握在国君手中。他的这个主张得到了鲁定公和季恒子的支持。所以，在公元前498年，孔子开始实施他的"堕三都"计划。为了实行这个计划，孔子在鲁定公的默许下，开始派人拆除叔孙氏和季孙氏的封

邑。结果，在拆除孟孙氏的封邑时，遭到了孟氏家族的抵抗。最后，"堕三都"的计划终以失败而告终。虽然这个计划失败了，但是，它在一定程度上打击了当时的地方势力，帮助君主收回了一些权力，并使得鲁国的国力在一定程度上有所增强。

自从孔子参政以后，在孔子的积极努力和参与下，鲁国的政事有了很大起色，社会秩序得到了极大的改善，国力也获得了一定的提高。对于鲁国的进步，齐国忧心冲冲，尤其是在夹谷会盟后，齐景公等人认为要阻止鲁国变得强大，扭转对齐国不利的局面，就必须想方设法先把孔子从鲁国赶走。所以，齐国君臣就开始投鲁定公和季恒子所好，分别给他们送去了80名能歌善舞的美女和120匹骏马。从此以后，鲁定公和季恒子沉迷于声色犬马之中，荒废了政事，也渐渐疏远了孔子。

看着鲁定公和季恒子的变化，孔子心有余而力不足。在无奈之中，孔子只能感憾自己的政治理想再次落空。不久后，孔子就在弟子子路的劝说下，辞去了鲁国的官职，并带着弟子们，也怀着一颗对鲁国的眷恋之心和失望之心离开了鲁国，结束了他一生中仅有的4年从政生活。

周游各国

不过，虽然离开了鲁国，但是孔子并没有放弃自己的政治抱负。相反，他以更为积极的态度为自己的政治理想寻找新的出路，并期待着能够在自己的有生之年，实现自己的抱负。

公元前497年，孔子已年届55岁，用孔子自己的话说就是已经到了"知天命"的年龄了。但是，也正是从这一年开始，孔子带领着他的72名得意门生，乘坐着马车，开始了长达14年的周游列国的流浪生活。

孔子之所以周游列国，一方面是为了能够招收到更多的门徒，传播他一手开创的儒家学说，为天下培养更多的可以为"仁政礼治"服务的人才；另一方面是为了能够"求仕"，他希望能够找到一位慧眼识才的国君，实现自己的政治理想。

孔子周游列国的第一站是卫国。当时，鲁国和卫国属于"兄弟之邦"，而且卫国的政治稳定，经济富裕，百姓安居乐业。并且卫国的国君卫灵公是一个任人唯才的人，他任用了一大批有才干的人，像蘧伯玉、史鱼等人，不过这些人都已经年迈了。所以，孔子觉得卫国应该是自己施展才能、实现理想的政治舞台。就这样，孔子一行人来到了卫国的都城，并且通过子路的妻兄颜浊邹的引见，见到了卫国的国君卫灵公。

由于孔子德高望重，又担任过鲁国的上卿，所以卫灵公以很隆重的礼节接待了孔子，还按照孔子在鲁国的待遇给予了他禄米。然而，对于孔子

的"仁政礼治"那一套治国安邦的方略，卫灵公却并不感兴趣，他只是想借助孔子的威望来抬高自己的身份，所以才对孔子摆出了一个贤明爱才的姿态而已。

结果，孔子在卫国不但没有实现自己的政治理想，反而还无缘无故地受到了一些小人的猜忌。当时，有人向卫灵公进谗言说："孔子在卫国做上卿，而且在他的门生中又有很多的奇人异士，恐将来会对卫国不好啊！"卫灵公听信了这些小人的谗言，也开始怀疑孔子居心不良，就派人去监视孔子。孔子感到自己如果再在卫国待下去不但没有什么意义，反而还会威胁到他自己和弟子们的性命。于是，孔子又带着弟子们离开了卫国。

孔子一行人离开卫国后，继续开始周游列国。他们往东南方向行进，途中经过一个名叫匡邑的地方，这时发生了一件出人意料的事情。这件事情的起因只因颜刻说的一句话和孔子的容貌。当时，在匡邑的城墙边上，颜刻用马鞭指着城墙的缺口说，他以前曾经来过这里，而且就是从这里走过去的。没想到，他的这席话引来了一场轩然大波。匡邑人把孔子他们一行人团团围了起来。原来，在公元前 504 年，阳虎曾经带着人强行通过这个地方，而且还骚扰过这里的百姓，所以当地人一直对阳虎怀恨在心。这时，匡邑人看见孔子的相貌有些像阳虎，再加上颜刻说的那席话，误认为阳虎又来了，就把他们围了起来。面对这突如其来的变化，弟子们都有些惊恐，但是孔子却坦然地说："天不亡我，匡人能耐我何！"所以，在被围困了几天后，当匡邑人了解到孔子并非阳虎后，就自行散去了。

解除了匡邑之围后，孔子一行人又朝着晋国奔去。不过，当他们在途中听说晋国社会动荡不安，形势混乱后，又停止前进。他们无处可去，于是又返回卫国。这时，卫灵公已经知道了上次是由于小人进了谗言，使得他误会了孔子，所以，得知孔子又返回卫国时，就亲自带着人马前去郊外迎接他，并向孔子表示歉意。于是，孔子又继续在卫国居住了两年多的时间。然而，孔子在卫国生活得并不愉快。首先，卫灵公已经年迈了，他对

朝政之事也倦怠了，而且他对孔子那一套政治理论也根本就不感兴趣。所以，孔子一直无法实现自己的政治理想，为此心情郁闷，很不开心。后来，卫灵公去世了，卫国的局势变得一片混乱。孔子感到在这里久居下去没有好处，于是又在公元前492年带着弟子们离开了卫国。

　　孔子和他的门生们带着郁闷的心情又一次离开了卫国。这一次，他们又是漫无目的地朝着东南方向前进。在一路之上，他们先后经过了曹国、宋国、陈国。不过，这些国家都只是一些小国，而且君主也几乎都是平庸之人，并且还经常受到其他国家的侵扰。所以，孔子在这些国家也同样没有用武之地，生活也很不安定，有的时候甚至还到了绝粮的地步。后来，孔子一行人经过一路风尘，再一次回到了卫国。不过，他那套"名不正则言不顺，言不顺则事不成，事不成则礼乐不兴"的思想与当时的统治阶层的思想始终是格格不入的，所以，他也始终不能得到统治者的重用，自然也无法施展他的政治抱负。

回归故里

　　在外漂泊了整整 14 年，孔子已经 68 岁了。在这 14 年里，他孜孜以求、矢志不渝，可是又有什么样的结果呢？他的前途依然一片渺茫，他实现理想的目标仍然遥遥无期。唉，叶落归根啊，人老了，最终都是要回归故里的。孔子思念家乡的情绪也越来越浓厚了。

　　这时，在鲁国掌握朝政大权的人是季恒子的儿子季康子。孔子的一个弟子冉有在季康子的手下做官，而且立下了战功。有一次，季康子问冉有："你的才能是天生的还是学习得来的？"冉有回答说是跟随孔子学来的，并且把孔子称赞了一番。冉有又说："如果能够任用孔子为官，鲁国必能强大。"于是，季康子就让人带着厚礼前去卫国把孔子请回鲁国。于是，在公元前 484 年，在外漂泊了 14 年的孔子最终回到了故乡。

　　季康子把孔子请回了鲁国后，对孔子以礼相待，并把孔子尊为国老，还给孔子提供了优裕的物质待遇，并且经常向孔子请教一些国家大事。

　　有一次，季康子因为鲁国强盗多，就前去向孔子请教。孔子直率地对季康子说："如果你没有贪欲，就能够适当地给人以奖赏，那么人们自然也就不会偷盗了。"

　　不过，季康子虽然屡屡问政于孔子，可是并不完全听从于孔子的意见。有一次，季康子准备实施一项田赋制度，于是派冉有前去征询孔子的意见。孔子开始并没有回答，在冉有的再三请求下，孔子才私下对冉有讲了自己的意见。他对冉有说："君子的施政措施应该与礼相合，对待老百姓也要宽厚。"但是，季康子并没有听从孔子的意见，仍然在公元前483年实行了田赋制度。孔子对此非常恼火。

对于统治者的横征暴敛，孔子一直深恶痛绝。有一天，孔子路经过泰山时，看见到一位老妇人在一座新修的坟前痛哭不已。孔子，就上前去询问原因。那位老妇人对孔子说，以前她的丈夫被老虎吃掉了，现在儿子又被老虎吃掉了。孔子就感到很奇怪，就问老妇人为什么不搬到其它地方去。老妇夫人回答说，因为这里没有苛政。孔子听了对此很震惊，并深有感触地说："苛政猛于虎也！"

此时，孔子不再热衷于参政了，他只是希望自己的弟子们能够更多地参与政事。这时，孔子把主要精力都用于教书育人和对诗书的修编。据说，孔子曾经在"礼"的基础上，对《诗经》作了删减，把《诗经》变成了305篇。另外，孔子还编订了《春秋》、整理了《易经》，并且给后人留下了韦编三绝的传说。

孔子对古典文化典籍所作的系统的整理，以及他对这些文化经典的自觉的传播，在文化方面，对中国春秋时期的社会转变起到了一定的作用。孔子兴办私学，打破了贵族对教育和文化的垄断，他对那些长期以来，一直被贵族特权阶级垄断和束之高阁的古代文献进行了及时的抢救和整理，并使这些文化典籍最终得以流传于后世，因此他被后人称为是"第一位保存文献的人"。

从孔子回到鲁国，一直到去他五年后去世，其晚年时期在生活上连遭不幸。在他67岁那年，他的夫人亓官氏去世。在他70岁的那年，他的独生儿子孔鲤又去世了，时年50岁。晚年连续失妻丧子，自然令孔子很伤心。不过孔子所遭遇受的打击远并不仅仅只有不止这些。就在儿子孔鲤死

后的第二年，他的得意门生颜回也去世了，年仅 41 岁。紧接着，在一年以后，他的另外一个得意门生子路也去世了。子路只比孔子小 9 岁，而且跟随了孔子很长时间，在孔子所有的门生中，子路和孔子的感情也是最深的。

眼看着一个个的亲人和门生接二连三地离开了自己，孔子在精神上受到了很沉重的打击，所以，他的晚年生活变得异常凄凉。据说，在公元前 481 年，有一次鲁哀公在郊外去打猎，捕获了一只怪兽，没有人认识这只怪兽。当孔子闻讯前去后，认出了这只怪兽是一只"麟"。在古人的眼里，"麟"是一种祥瑞之兽，所以古人把它看成是吉祥的征兆。不过，孔子见到的这只"麟"却是死的，乃是不祥之兆。于是，孔子掩面大哭，说道："吾道穷矣！"自从这件事情发生以后，孔子的精神和身体就一天不如一天了，就连他自己也预感到自己剩下的日子已经不多了。

现在的山东孔府大门

一天早晨，孔子拄着拐杖在家门口散步，恰巧子贡前来看望他。孔子一看见子贡，就情不自禁地对子贡说："你怎么这么晚才来啊！"子贡问他怎么回事，孔子说："我昨天晚上做了一个梦，我梦见你们都在祭奠我，恐怕我很快就要死了。"果然，7 天后，孔子就离开了人世，终年73 岁。

孔子去世后，被安葬在了曲阜城北的泗水南边。孔子的弟子们非常哀痛，就像失去了父亲一样。弟子们按照当时的礼仪，在孔子的墓地旁边盖起了小屋，并在这里为孔子守丧 3 年。据说，在守丧期间，弟子们害怕老师的"道"在日后失传，于是就对孔子的言论作了详细的整理和编纂，这就是后来的《论语》。等到 3 年守丧期满了，子贡又不忍离开，于是又继续在这里守了 3 年的丧才离开。

孔子在他的一生中都在孜孜不倦地探索着治国安邦之道，并且至死不渝地追求自己的政治理想。他提出过许多不朽的思想主张，所以是中国历史上伟大的思想家之一。不过，孔子的思想和春秋战国时期的社会发展趋势是格格不入的，所以他的思想最终得不到当时统治阶级的认同，并四处碰壁。

到了西汉时期，西汉统治阶级为了长治久安和加强对百姓的思想统治，才开始"罢黜百家，独尊儒术"，直到这时，儒家思想才成为了正统的思想，孔子的地位也才开始扶摇直上。汉代以后的统治阶级大都尊奉孔子，并且给孔子建庙，加尊谥，还赐给孔子的后人以爵位和特权。在西汉平帝时期，就曾经追谥孔子为"褒成宣尼公"；在唐玄宗时期，追封孔子为"文宣王"；在宋真宗时期，追谥孔子为"至圣文宣王"；在明世宗时期，孔子被称为"至圣先师"。在中国两千多年的封建社会中，孔子的思想超越了朝代、超越了君王，始终都是中国封建社会的精神支柱和思想基础。直到今天，孔子思想中的一些积极思想还继续被我们学习、运用。

孔子的思想不仅仅对中国社会产生了深远影响，并且远播海外，尤其是亚洲周边国家，并在这些地方生根发芽，曾经产生过或者正在产生着不同程度的影响。

二、思想巨人
——柏拉图

在人类思想史上，柏拉图是一位巨人，是世界哲学史上真正的"哲学之王"。他创造了一套博大精深的哲学体系，他的哲学思想对后人产生了深远的影响和启发。在世界哲学的发展进程上，他是其中一块巨大的里程碑。

在所有的时代中，或许柏拉图是最伟大的思想家。他既是一位哲学家，也是政治理论和社会学的奠基人，而且他自己也曾经卷入过政治斗争。此外，他也是一位伟大的物理学家和卓有成就的宇宙论学者。他的思想不仅对欧洲，甚至对美国，都直接和间接地构成过深远的影响，而且其影响力难以估量。所以，曾经有一位当代西方哲学家这么说：整个哲学史就是对柏拉图的哲学进行注释。

少年宏图

  在这个世界上，柏拉图称得上是命运的宠儿。曾经的雅典城邦雄踞于古代文化的颠峰，而柏拉图就是雅典城邦的公民。他出生在一个显赫的家族之中，他的一生富足而优裕，从未为生活发愁过。他从小接受良好的教育。他的老师不是别人，正是杰出的苏格拉底……

  公元前427年5月7日，柏拉图（Plato）出生于雅典附近的伊齐那岛。根据亚历山大城的学者们推算，柏拉图出生的日子恰逢第88届奥林匹克运动会第一年的泰及隆月（5月—6月），也就是公元前428年至公元前427年。

  柏拉图的父亲是阿里斯通，他的母亲是珮丽克蒂俄妮，他是家中的幼子。他还有两个哥哥分别名叫阿得曼图和格劳孔，一个妹妹名叫坡东妮。他的父亲阿里斯通和母亲珮丽克蒂俄妮都出生于雅典城邦的名门望族。他父亲的家族可以上溯到雅典历史上的最后一位名叫科德罗斯的君王，甚至海洋之神波塞冬；他母亲的家族可以上溯至德罗彼得一世（公元前644年雅典的执政官）和梭伦的兄弟德罗皮得二世（公元前593年雅典的执政官）。柏拉图的舅舅卡尔米德和克里底亚均名列于雅典"三十僭主"之中，并且是其中的主要人物。

  柏拉图很小的时候，他的父亲就去世了。于是，他的母亲改嫁给了她的堂叔皮里兰佩斯。柏拉图的这位继父和雅典民主派领袖伯力里克里是朋友，曾经担任过雅典使节，并被派往波斯和亚洲国家执行任务。在继父的悉心抚养下，柏拉图健康地成长起来。所以，柏拉图对继父的感情很深，他在其早期作品中谈及继父时，语气不乏称赞和敬仰。

优越的家庭条件，显赫的政治地位，使得柏拉图和其他的贵族子弟一样，从小就受到了非常完善的教育。不过，和那些纨绔子弟不同的是，柏拉图并没有放纵于声色犬马之中，相反，他勤奋好学，胸怀抱负。不管是在体育、诗歌方面，还是在戏曲方面，他都表现出了极高的天份。此时的他，

柏拉图塑像

就像一只即将一鸣惊人、直冲云霄的雏鹰。

据说，柏拉图的原名是阿里斯托克勒。因为在读书的时候，他的体育成绩非常优秀，体育老师很喜欢这个身材槐梧、形体俊美、前额宽广的孩子，于是就给他起了一个绰号叫"柏拉图"。在希腊文中，"柏拉图"（Plato）的意思是宽广、壮伟。对于老师起的这个绰号，柏拉图自己也很喜欢，于是，这个名字就一直被他沿用下来，也正因为这样，哲学史上才多了一个柏拉图。

因为柏拉图的体育成绩很好，再加上他热爱体育运动，所以，在体育老师的严格训练下，他曾经好几次参加伊特来亚运动会中的摔跤比赛，而且还都取得了不错的成绩。柏拉图也喜欢绘画，他还曾经在戏剧演出中参加合唱，并且担任乐队指挥。当时，希腊戏剧正处于黄金时期的尾声，柏拉图亲眼目睹了许多著名悲剧和阿里斯托芬的诸多喜剧的公演。在青少年

时期，他就擅长于文艺创作，自己还撰写过赞美酒神狄俄尼索的颂诗和其它抒情诗。今天，在希腊诗歌的选本中，还保留着柏拉图曾经写给心上人的诗歌，其中还有一首诗是赠给最好的朋友的，诗是这样写的：

"我的阿斯特尔，你仰望着星星，啊，但愿我也成为星空，这样我就能够凝视你，用那千万双眼睛。"

"在那些闪耀的星辰中，你也闪耀着，啊，可是你现在消逝了，如同昏星一样消逝于远方。"

后来，在莎士比亚写的剧本《罗密欧与朱丽叶》中，就运用了这首诗后面表达的意境。

另外，柏拉图还写过一些抒情诗，例如：

"我扔给你一只苹果，

假如你真的愿意爱我，

那么就请收下它吧，并让我品尝你少女的魅力，

假如你有二心，

也请你拿着这只苹果，

我要看见所有美的东西都是短命的。

我是一只苹果，

一个爱你的人将我扔给了你。

不，克萨娣帕，请你同意吧！

因为你和我今生注定都会毁灭。"

柏拉图所在的那个时代正逢雅典文化盛世。当时的雅典，被以伯里克利为中心的一批优秀的政治家们建设得富丽堂皇：气势恢宏的雅典卫城、雄伟壮观的帕特农神庙、庄严肃穆的雅典娜祭坛……同时，这些杰出的人物把雅典的文化生活也搞得多姿多彩：充满激情和雄辩的演说、情节生动的悲剧和喜剧、紧张激烈的体育比赛……此外，在伯里克利的周围，还聚集着众多出色的文学家、艺术家、哲学家和自然科学家。当时，无论是在

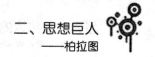

希腊还是在全世界，凡是稍有名气的学者都相继访问雅典，并在雅典定居下来，像赫赫有名的关于城市规划的发明人米利都的希坡达穆，闻名遐尔的数学家和计算过太阳年的天文学家客俄斯的俄尼坡得，以及诸多有名的哲学家，包括萨莫斯的希蓬、克拉左门的阿那克萨戈拉、米利都的阿耳刻劳、阿布德的德谟克利特、智者派普罗塔哥拉、普罗狄库、西皮亚等人。

正是由于这种充满了浪漫气息的生活环境和浓厚的文化氛围，在潜移默化中影响了柏拉图，使他拥有了像诗人一样的人格和品性。柏拉图不仅从这个时代中汲取文化的精髓，并且以诗歌和戏剧的形式来反映这幅盛世的景象。在他的作品中，风格要么生动，要么沉着，要么充满激情，要么充满冥思，充分体现了他那不凡的文学才华。

拜师学道

在柏拉图的生命中，苏格拉底具有举足轻重的作用。如果说柏拉图的人格品性来自于雅典社会和文化的熏陶，那么柏拉图的精神世界则来自于对苏格拉底的传承及其影响。在苏格拉底的带领下，柏拉图最终走上了这条哲学之路。正是在苏格拉底的深刻影响下，柏拉图最终焚毁了自己的诗稿，决心一生献身于哲学的研究。

苏格拉底出生于公元前 469 年，逝世于公元前 399 年，他出身于雅典的一个平民之家。他的父亲是一名雕刻工匠，他的母亲是一个助产婆。在早年，苏格拉底曾经靠雕刻石像为生，不过，他对于各种哲学问题的研究却一直都有着非常浓厚的兴趣。他曾经跟随阿尔克劳学习自然哲学，并且阅读过许多先哲们写的著作，其中对他影响最深的是阿那克萨哥拉的"心灵"学说。另外，他还曾经和许多有名的智者，例如普罗泰戈拉等，对哲学问题进行过辩论。他们辩论的主要问题是关于伦理道德和教育、政治方面的。在辩论中，苏格拉底逐渐形成了自己的哲学思想和哲学风格，并且逐渐被认为是当时雅典最具有智慧和最有教养的人。不过，在其一生中，苏格拉底从来没有著书立说，他只是在街头巷尾等一些公共场合发表演讲、进行答辩，以及和人们谈论各种各样的关于政治、哲学、宗教、艺术等方面的问题。苏格拉底并不关心对自然界的研究，他认为大自然是神的安排的，人们不需要也不应该研究自然，否则就是对神灵的亵渎。苏格拉

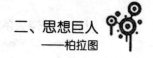

底主张人首先需要对自身进行了解，并要了解自己的心灵。苏格拉底曾经说："我知道我一无所知"。他的座右铭是"认识你自己"。苏格拉底认为，人不能够依靠感官去获得知识，只有依靠心灵和理性才能够获得的抽象概念才是永恒不变的绝对真理。在政治方面，苏格拉底并不赞成雅典实行以抽签选举为主的直接民主制，而是主张专家治国，也就是让有知识有才干的人对国际事务进行管理。他的这些思想和政治主张对大量的青年人产生了巨大的吸引力，很多人都成为他的追随者。

大约在公元前407年，在柏拉图20岁时，他成为了苏格拉底的一名学生。据说，在公元前407年的一天夜里，苏格拉底做梦，看见有一只天鹅向他飞来，并在他的膝上停留，不久，天鹅的翅膀就长大了，于是，天鹅唱着优美动听的歌曲飞上了天空。次日，正巧柏拉图在继父的陪同下前来苏格拉底的门下拜师求学。苏格拉底一见这位年轻人长相英俊，气度不凡，立即认定他就是自己前夜梦见的天鹅的化身。于是，年逾花甲的苏格拉底非常热情地拥抱这个刚刚20岁的追随者，从此以后，这两位巨人的名字便在哲学史上紧紧联系在一起。

此时，苏格拉底已经61岁了，在他的身边，有很多来自雅典和其他国家的追随者。柏拉图的两个哥哥阿得曼图和格劳孔也是苏格拉底的学生。关于苏格拉底的轶闻逸事和他的思想观点，少年柏拉图早已从哥哥们那里了解到了不少。

苏格拉底经常在公共场所和青年人进行交流，充分发挥其"知识助产术"。苏格拉底还和人辩论，教人如何独立思考、分析问题。而且苏格拉底在教人知识的同时从来不收学费，所以，向他学习和请教的人相当多，他们都从苏格拉底那里学到了一套全新的思想。而这对于年轻并且思想活跃的柏拉图也同样有所触动。据说，在一次狄奥尼修斯赛会上，当柏拉图正要带着自己创作的一部悲剧参加比赛，并为获奖而准备时，他突然听到了苏格拉底的演讲。于是，柏拉图临时改变主意，毅然将这部悲剧和其他

诗稿付之一炬。而且面对作品燃烧时的熊熊火焰，苏格拉底还吟诵道："啊，火神快来到这里吧，柏拉图现在是多么的需要你啊。"从此以后，柏拉图就从文学转向了进行哲学研究。

在柏拉图看来，苏格拉底无疑是最高人格和最高智慧的化身。所以，不管苏格拉底是外出还是讲学，柏拉图始终跟随在他的身后，总是形影不离。因此，这对师生之间建立了非常深厚的情谊。柏拉图曾经还这么写道："感谢上帝让我生活在苏格拉底时代，让我成为了苏格拉底的学生。"这句话深刻体现了柏拉图对苏格拉底的崇敬。在柏拉图的大部分著作中，他都把苏格拉底当成对话的主角，看起来就像是在对苏格拉底和别人的谈话进行记录一样，似乎柏拉图阐述的并不是他自己的思想。柏拉图正是以这种方式来对苏格拉底表示纪念。而苏格拉底对柏拉图也相当器重。在苏格拉底看来，柏拉图不仅是自己的得意门生，更是自己事业的继承人。

从20岁开始，柏拉图就一直追随着苏格拉底，直到苏格拉底被雅典当局处死，前后大约有七八年。在这期间，雅典发生了一些重大事件：首先，在伯罗奔尼撒战争中，雅典以失败而告终；其次，"三十僭主"推翻了雅典的民主政制，8个月后，又因施行暴政而被群众推翻；第三，雅典再次恢复民主政治，但是却以莫须有的罪名将苏格拉底处死。苏格拉底的死带给柏拉图终身难忘的悲痛，并改变了他一生的志向。在柏拉图74岁高龄时写的自传《第七封信》中，他追溯了自己在23岁至28岁这个时期的政治实践和政治思想。他说，他曾经的经验也和同时代的青年人是一样的，渴望着一成年就能够马上从事政治活动，事实上，他也确实遇到过这样的机会。当时，总是遭人责难，不被人欢迎的民主政体被推翻了，获得最高统治权的是一个由30人议事的"三十僭主"政体。恰巧，他的亲舅舅卡尔米德和表舅克里底亚就是这"三十僭主"中的主要成员，而且他们也曾经试图邀请柏拉图参与政府的活动。而且在当时，他确实也很信任他们，认为他们正在对国家进行改革，并且在非常公正地对国家进行治理，在他们的带领下，这个城邦国将摒弃不正义，走向正义。可是在不久以后，柏拉图却发现那些所谓的民主派的行为，完全背离了自己的政治理想。"三十僭主"中的掌权者们甚至对自己的老朋友，即当时最正直的人——苏格拉底进行陷害和打击。因为对他们的种种罪恶行径深恶痛绝，所以，柏拉图最终决定与这个政权彻底脱离关系。不久以后，"三十僭主"就垮台了，民主政体又重新得以恢复。柏拉图后来这样评说："那是一个乱世，他们做的一些事情肯定是会有人反对的；而且在一场革命中，有时候报复也是会有些过分的，这并没有什么值得奇怪的，总的来说，这个由'三十僭主'控制的政体，其施政的手段仍然是温和的。"不过，也正是这个貌似温和的政体中的掌权者——政治家阿尼图斯和悲剧诗人美勒图斯联合对苏格拉底提出了指控，指控苏格拉底犯了两条罪行：第一，苏格拉底对雅典城邦信奉的诸神不尊敬，并引进了新神；第二，苏格拉底的思想腐蚀了青年人，让青年人变坏了。就是以这样两条莫须有的罪名，他们抓捕了苏格拉底，并宣判他有罪，且将他处以死刑。

苏格拉底的死对柏拉图产生了巨大的影响。苏格拉底死后，柏拉图对民主政治彻底失望了，他参与政治活动的热情之火也随之熄灭了。后来，当柏拉图年事渐长时，他深深地知道，一个人要想在政治上有所作为，首先必须要有朋友、有组织，可是这样的人在政客中是非常难以找到的，因为政客们做事是没有原则的，而且他们也没有传统的制度和风纪，所以，要寻找到新的人才简直难于登天。更何况大多数的法规旧典在雅典都已经散失了。当时的柏拉图对于政治虽然雄心勃勃，却也只能大声疾呼要推崇真正的哲学，要让哲学家获得政权，要让哲学家成为政治家，或者让政治家们能够奇迹般地成为真正的哲学家。

四方游历

公元前399年，苏格拉底在进行了从容的答辩之后，饮鸩而死。这就是历史上著名的"对苏格拉底的审判"，也是世界历史上的千古奇冤之一。柏拉图亲眼目睹了这场审判。对于陪审团的无理，他异常震惊。苏格拉底含冤去世后，柏拉图悲痛不已，他异常得伤心，自己不但失去了一位老师，更失去了一位朋友。另一方面，苏格拉底在面对邪恶和死亡时表现出来的那种大无畏的精神，又深深地感动着柏拉图，柏拉图为自己能够拥有这样的老师和朋友感到了自豪。所以，当苏格拉底被处死后，柏拉图对雅典的政治深为绝望，于是离开了雅典。

为了完成老师的哲学事业，也为了进一步找到哲学和政治、哲学家和政治家结合的途径以及理想的政体，柏拉图先后前往麦加拉、埃及、昔勒尼、马格那、大希腊、西西里等地游历，前后长达12年。

最先，在欧几里德的邀请下，柏拉图前往麦加拉。欧几里德曾经也是苏格拉底的学生。当时，雅典和麦加拉是两个互相敌对的国家，所以，为了能够聆听到苏格拉底的哲学演讲，欧几里德经常男扮女装，冒着被逮捕的危险潜入雅典。后来，欧几里德在麦加拉开创了麦加拉学派，在哲学史中，这个学派久负盛名。在麦加拉，柏拉图和欧几里德，以及其他哲学学派的成员密切往来，他们共同对苏格拉底的哲学观点进行探讨，这些经验都对柏拉图日后的哲学思想产生了一定的影响。

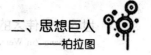

离开了麦加拉后，柏拉图又前往北非的居勒尼。在居勒尼，柏拉图结识了几何学家塞奥多罗。柏拉图跟随塞奥多罗学习几何学，而且获得了良好的成绩。此外，在塞奥多罗的影响下，柏拉图的数学知识和天文学知识获得了很大的进步。据说，柏拉图后来创办学园时，曾经在学园的入口处写道："非识几何学者，勿得入我门。"以此表示他对数学的高度重视。

离开了居勒尼后，柏拉图又前往埃及，对埃及的古老文明他印象最为深刻。当时，埃及的文化和教育都被僧侣们垄断了，此外，埃及的官僚制度高度发达，职业分工等级森严，而领先的科学成就，尤其是天文学和数学方面的成就，以及具有东方情调的音乐和艺术，都令柏拉图感慨万千。这趟埃及之行实在给予柏拉图太大的震撼了。有人认为，柏拉图在他的《理想国》这本著作中描绘的等级分工和社会分工的灵感，就来自于埃及。在《理想国》中，柏拉图把人的天性分成了三个等级，这三个等级是负责对国家进行统治的哲学家、负责对国家进行保卫的军人、负责对国家进行物资资料生产的生产者。在柏拉图看来，只要这三个等级能够各施其职，那么一个城邦自然就能够实现正义。

紧接着，柏拉图继续西行，抵达了大希腊，也就是南意大利地区。这趟行程的核心是前往继克贾罗顿兴起的另外一个毕达哥拉斯学派的中心塔壬同。在塔壬同，柏拉图结识了民主政体的领袖和毕达哥拉斯学派的主要代表阿启泰，二人结下了深厚而持久的友谊。作为一名杰出的政治家、军事统帅，阿启泰受到了当地人的爱戴。同时，阿启泰也是一位杰出的思想家，在当时许多知识领域里，他都是一位先驱，尤其是在数学和力学方面，他做出过杰出的贡献。在政治上，阿启泰推行的是比较温和的政体，并且他曾经试图运用数的理论对各门学科进行综合，并通过这个方法对问题进行考察和分析。阿启泰认为，人们只要将正确的数理逻辑运用到人与人之间的社会关系上去，那么彼此就平等了。国家之间自然就没有纷争了。这种把科学和政治联系起来的思想对柏拉图产生了很大的启发。于

是，阿启泰成为柏拉图晚年试图在《理想国》中将哲学和政治密切联系起来治理国家的一个雏形。

经过多年的游历和探索之后，在汲取了各家学派的思想基础上，柏拉图的思想出现了转折性的变化，并形成和提出了先验的认识论、客观的唯心主义的理念论，以及发展出了一套神学目的论的哲学体系。体现这套思想体系的主要代表作是《曼诺篇》、《斐多篇》等。

柏拉图青年时代就开始热衷于社会政治活动，并且他经常思考一个带有普遍性的问题，即究竟应该制定一套什么样的原则，采取什么样的具体措施，才能够建立起一个真正称得上理想的国家？在经过了多年的游历考察后，柏拉图认为现存的荣誉政体、民主政体、僭主政体都不是他理想中的社会形式，他真正憧憬的是一个没有贫穷、没有分裂、没有堕落、没有暴君、团结而且和谐的社会，要实现这种理想社会的唯一途径就是把国家交给"哲学王"进行管理和统治。

柏拉图在塔壬同等地游历期间，曾经在迪翁的邀请下，前往西西里岛的叙拉古进行访问。迪翁是狄奥尼修斯一世的内弟，手中握有一定的权力，他对柏拉图的政治主张和哲学思想表示出仰慕。狄奥尼修斯一世当时在推行一套政策，就是招募文化人进入宫廷为他进行政治咨询。迪翁邀请柏拉图时，告诉柏拉图说，他已经说服了僭主制定新的政治体制，并且要用最好的法律来对国家进行管理。或许柏拉图看重狄奥尼修斯一世的地位和名望，并渴望借助狄奥尼修斯一世来实现自己的政治理想。所以，对于迪翁的邀请，柏拉图愉快地接受了，并来到了狄奥尼修斯一世的宫廷。柏拉图一见到狄奥尼修斯一世，就立刻大谈特谈僭主政体的各种弊端，并强调说除非个人在德行上相当优秀，否则，统治者的私利不是用来治理国家的最好的手段。柏拉图的一席话激怒了狄奥尼修斯一世，使得狄奥尼修斯一世对他大发雷霆，并咆哮着斥责柏拉图说："你说的这些话简直就像一个老糊涂！"可是，柏拉图并不认输，而是针锋相对地反驳说："而您更像

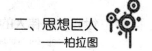

一个暴君!"

就这样,勃然大怒的狄奥尼修斯一世决定将柏拉图处死,最后在迪翁的再三劝阻之下,狄奥尼修斯一世才同意赦免柏拉图,柏拉图才幸免于难。不过后来,狄奥尼修斯一世仍然唆使当时正在他的宫廷中的斯巴达使节坡利斯在归途中处死柏拉图。然而,坡利斯并不想自己动手杀人,于是就把柏拉图带到了伊齐那岛,把他卖为奴隶。幸好居勒尼人安尼凯里当时正好在场,便出了20明那把柏拉图赎回来,并把他送回到雅典友人那里。

于是,柏拉图在历尽艰险之后,终于结束了他的首次西西里之行。从公元前399年到公元前387年,这长达12年的漫长而艰辛的游历生活,也正式宣告结束。

柏拉图学园

　　柏拉图一生的转折点是创建学园，而且这件事在西欧科学史上是最值得纪念的事件之一。从此，柏拉图就要开始担任这个学园的第一任院长。这个学园将通过独创性的研究对哲学等学术领域进行探索。

　　我们都知道，国家要发展就必须依靠人才，而人才则需要依靠教育进行培养。柏拉图亲眼目睹了希腊社会在伯罗奔尼撒战争之后变得堕落败坏，所以也很强调教育的作用。他认为，要对雅典的政体进行改革，实现一个理想的国家，就必须要有"可靠的朋友和支持者"，不然"什么事情也做不成"。所以，国家需要培养一批既精通哲学、自然科学，又善于治理国家的政治家，也就是政治家和哲学家合二为一的"哲学王"，只有这样的人才能实现他治理国家的理想。与此同时，柏拉图并不愿意像苏格拉底那样在街头巷尾随意发表演说，既没有固定的时间，也没有固定的地点。相反，通过办学，就能够有固定的时间和地点宣传自己的思想，并且能够吸引贵族子弟。

　　公元前386年，在朋友们的资助下，柏拉图吸取毕达哥拉斯学派盟会组织的经验，创建了自己的学园。学园的地点在雅典城外西北郊，这里原本是用来纪念希腊英雄阿卡德米压的一座花园和运动场，因此，学园也被称为"阿卡德米亚"学园。

　　柏拉图创建的这个学园，是欧洲大学的先驱，也是欧洲历史上第一所

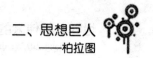

综合性的传授知识、进行学术研究、提供政治咨询，以及培养贵族子弟成为上层统治者的学校。

柏拉图创办这个学园的目的就是为了给希腊的各个城邦培养出既是哲学家又是政治家的能够管理国家的人才，并且让他们继承自己的理想，实现苏格拉底的哲学和政治主张，即由那些有知识、有才干的人来管理国家。所以，学园刚一建立，就吸引了希腊一大批有才华的青年人。青年们和柏拉图一起对治国安邦之道进行探讨，并开展了广泛的自然科学研究，尤其是对数学的研究。在培养政治人才的同时，也帮助青年们提高综合素质，让其中也能够产生一些自然科学家。

柏拉图的学园创建之后，直到公元前86年，在罗马独裁者苏拉围攻雅典时，才被迫迁入雅典城内，但继续存在。直到公元529年，在东罗马帝国皇帝查士丁尼下令禁止后，才被迫关闭，前后持续了整整900多年。在这900年中，这个学园一直都是希腊社会的文化知识中心。

柏拉图主持学园工作时，为了实现自己的政治理想，他又曾经先后两次出访西西里。公元前367年，在狄奥尼修斯一世去世后，迪翁担任叙拉古的首席大臣。迪翁见终于有机会实现柏拉图的理想了，就邀请柏拉图再次前往叙拉古，帮助把狄奥尼修斯二世培养成为哲学家兼政治家。此时，柏拉图已经将近60岁了。为了追求自己的政治理想，他欣然接受了邀请，并放下了学园的工作，第二次抵达叙拉古，并试图通过其哲学对狄奥尼修斯二世进行改造和训练，以此实现他自己理想中的国家。可是，狄奥尼修斯二世只是一个纨绔浮华的青年，最初出于好奇之心，他还能够听柏拉图讲讲课，后来，他渐渐对柏拉图的那一套空谈失去了兴趣。不久后，由于狄奥尼修斯二世和迪翁之间的矛盾激化了，再加上有人暗中对迪翁进行中伤，说他企图取代狄奥尼修斯二世的地位，于是，狄奥尼修斯二世将迪翁驱逐出境。迪翁便去了雅典柏拉图的学园学习，并在学园中积极从事策划推翻狄奥尼修斯二世的政治军事活动。因此，狄奥尼修斯二世又怀疑柏拉

图是迪翁篡权的始作俑者，柏拉图的生命再一次受到威胁。后来，在朋友阿启泰等人的周旋下，再加上当地又爆发了战争，狄奥尼修斯二世才允许柏拉图暂时回到雅典，但却要求柏拉图保证在战争一结束就立即重新返回叙拉古。

4 年后，公元前361 年，柏拉图实践自己的承诺，第三次前往西西里。为了调和狄奥尼修斯二世和迪翁之间的矛盾，柏拉图冒着生命危险第三次到了叙拉古。不过仍然没有结果，狄俄尼索二世还是不允许柏拉图回国，并且把柏拉图软禁起来。后来，仍然是在朋友阿启泰的周旋下，柏拉图才在公元前360 年重新回到雅典。此时，迪翁则在学园中的一些成员的支持下，训练军队，并且在公元前357 年攻占了叙拉古，推翻了狄奥尼修斯二世，并把他赶出了叙拉古，迪翁成为叙拉古的僭主。接着，在公元前354 年，叙拉古内部又出现了争夺权利的斗争，迪翁被一名雇佣军首领杀害了。由于柏拉图一直把迪翁看成是自己的继承人，所以，听闻迪翁的死讯后，柏拉图很悲痛，他自认为迪翁的死比苏格拉底的死对他的打击更大。因为苏格拉底虽然被处死了，但是苏格拉底的死达到了他自己的目的，而迪翁却是在准备达到其伟大事业之前就死了。

三次西西里之行，柏拉图都以失败告终。他不但没有把暴君训练成为哲学家兼政治家，还差点搭上自己，使自己沦为哲学家兼奴隶。不过，为了理想，柏拉图至死不渝，他始终都坚信只有当哲学家成为了国王，或者当国王成为了哲学家之后，最高的政治理想才能够被实现。

柏拉图的朋友们帮他在学园中购置了宅第。柏拉图在学园中生活了四十多年。在学园里，柏拉图创作出了一生中最重要的一系列著作。例如，早期苏格拉底学派的对话《申辩篇》、《欧梯弗罗篇》、《克里托篇》、《查密迪斯篇》、《拉该斯篇》、《普罗泰哥拉篇》、《欧梯德谟篇》、《国家篇》（第 1 卷）、《克拉底鲁篇》等，基本上都是在这段时期完成的。他以辛勤的学术工作，为自己修建了一座质朴而雄伟的纪念碑。这位攀登克里特的

柏拉图站像

"伊达山"的雅典老人，曾经很形象地把自己比喻成挂在枝头上的红红的熟透了的苹果，在充分汲取了大自然的养料和灵气，品尝了人生的美酒和辛酸，思索了人生的真谛和宇宙的奥秘之后，为人类奉献出了一份宝贵的精神硕果。

公元前347年，柏拉图——这位人类思想史上的一代宗师，已经80多岁了。据说，有一天，他高兴地参加一个学生的婚宴。在婚宴上，宾主们热情地向他表达敬意。在觥筹交错之中，老人觉得有点累，就躲到一边休息。后来，当新郎去叫醒他时，却发现他已经永远睡着了。

柏拉图去世后，被安葬在学园里。这个学园几乎耗尽了他半生才华。柏拉图在他的一生中，经历了雅典的衰落、政治的暴动、政党的更迭，亲眼目睹城邦变成帝国。他曾经无比热情地追求过政治，但是时局却屡屡令

他失望。后来，他又从政治转向了研究哲学。在希腊世界中，柏拉图享有着崇高的声誉。他在人们心目中的形象可以用他的学生亚里士多德的悼词来予以佐证：

"岿岿盛德，莫之能名。光风霁月，涵育贞明。

有诵其文，有瞻其行。乐此盛世，善以缮生。"

三、英国唯物主义始祖
——培根

　　相信每个人都知道"知识就是力量"这句著名的格言。最先说这句话的人是弗兰西斯·培根，他出生于公元1561年，逝世于公元1626年，是17世纪英国著名哲学家。他不仅开创了新时代的哲学，而且是全部经验哲学的首领，也是近代科学方法的奠基人。

　　由于培根的贡献，一直以来被人贬抑、处于卑贱地位的经验，上升成为一种科学的原则，并且成为了哲学上和科学上的一种必然性。正是由于培根的贡献，以神学为归宿的经院哲学的旧时代终于得以结束，并且开创了一个以经验作为手段，对感性自然的经验哲学进行研究的新时代。而这在欧洲，尤其是在英国，影响力是相当巨大的。它使得人们不仅在思维的内容上从理想踏入了现实，而且在思维的方式上也开始尊重感性现象，并且承认感性现象，以及注重经验和注重实际，并让这些成为了一时风尚。所以，培根对于扭转了上千年以来的思辨的方法，对于科学的发展，对于近代科学的建立，都起了非常积极的推动作用，并且具有很大重大的意义，并且他对哲学史和科学史都做出了非凡的贡献。而且培根开创了英国哲学以后发展的唯物主义经验的方向，所以，他被人们尊称为近代英国的唯物主义的始祖。

少年早慧

在英国伦敦泰晤士河的河畔，有一座约克府，这是一个英国新贵族的府第。1561 年的 1 月 22 日，培根就出生在这个家庭里。

培根的父亲名叫尼古拉·培根。尼古拉·培根是一位勋爵，是英国伊丽莎白女王的掌玺大臣，也是当时英帝国的第二根支柱，以干练、中庸、清廉而闻名，并深得女王的信赖和赏识。从 1559 年开始，尼古拉·培根开始做担任英帝国的大法官。

培根的的母亲安尼是尼古拉·培根的继室。安尼也出身于一个英国的贵族家庭，并且从小受过良好的教育，是一位举止富有教养，并富有学识，精通希腊文和拉丁文的品德高尚的贵夫人。她还曾经把宗教改革家玖威尔主教用拉丁文写成的《英国教会的申诉》一文翻译成英文出版，所以也是当时伦敦上流社会中出名的有才有德的女人。

培根的父母不但很有教养，而且他们还经常组织一些有着浓厚的学术氛围的家庭聚会，并在聚会中讨论有关文学、哲学的问题，以及从事文学创作。很显然，像这样的家庭环境对培根的影响无疑是巨大的。

从培根很小的时候开始，他的父母就非常重视对他的教育，并且对他的要求非常严格。在培根家里的饭厅中有一幅画，画上有这样的题词："教育使人进步"，从这句题词中，我们可以看出，培根的父母对教育是何等的重视。

当时，培根的家里有两个住址，一个是在培根的出生之地约克府，另外一个是在哈佛州的高阑城的别墅。培根的童年就是在这两个地方度过的。小时候的培根身体很弱，而且多病，因此他喜欢静，不喜欢活动，所以，培根很小的时候就养成了爱看书的习惯。他聪明好学，而且比起同龄的孩子早熟，和别的同龄孩子不同的是，小培根还喜欢阅读一些内容比较深奥的书籍。他经常进入父亲的书房，翻看里面各种各样的书，有的书他可以看懂，但是有的书他却完全不能够看懂，不过，即使那些书看不懂，他也一样会很认真地阅读。其中，培根最喜欢读的是和科学发明有关的书籍。书中那些新奇的故事，奇妙的科学，都像磁石一样深深地吸引着他。所以，培根在他的童年和少年时期，就已经阅读了大量的和各个学科有关的书，他的知识自然就比基他的同龄孩子丰富，懂得也比别人多。

培根除了喜欢读书，他还喜欢思考。他总是能提出各种各样的问题，而且他在思考这些问题的时候，几乎总是会进入一种沉思状态中，以至于忘记了周围的一切。这些我们都可以在他自己留下的书信中得到证明。他曾经给自己的姨夫博莱写过一封信，并在信中提到他的一个"巨大的沉思默想"，而他进行这种沉思默想的目的是为了"颂扬学术"。从这里，我们可以看出在当时，培根就已经养成了对学术方面的浓厚兴趣。

得益于父亲在宫廷中的地位，所以，培根拥有得天独厚的成长环境和条件，那就是他从很小的时候开始，就能够接触到很多上层人士，尤其是那些有学问有思想的人。培根可以和他们直接进行接触，并且还能够听到很多有关英国各个地方，以及世界各个地方的传闻。这使得他的眼界大开，而且增加了他的学识，也进一步促使他早熟。

根据记载，培根在童年的时候，经常和父亲一起进出于宫廷。当时，虽然他小小年纪，但是聪明过人，而且又懂得许多知识，所以在宫廷中深受大臣们的喜欢。同时，当时的英国女王伊丽莎白看见培根小小年纪却一副老成持重、庄重的样子，言谈举止还显得成熟而有智慧，也很喜欢他，

并且经称叫他"小掌玺大臣"。根据罗莱的记载，有一次女王问培根的年龄，虽然培根还只是一个孩子，可是他却非常聪明地回答说："我比女王的幸福朝代小两岁。"

1573 年，12 岁时培根进入了英国剑桥大学的三一学院中学习。他的父亲也曾经在这所学院中就读。当时有许多国家大臣和知名人士也都在这所学院中接受过教育，或者深造过。当时，三一学院的院长是怀特姬夫特博士，后来又担任坎特伯雷大主教。培根的导师就是这位怀特姬夫特博士。三一学院里规定了许多必修课，包括辩证法、高级文法、修辞学、逻辑学，等等。另外，导师还要求学生们在对修辞学进行研究的时候，必须对亚里士多德的作品进行研读，另外还要阅读大量经院学者对亚里士多德和柏拉图学说的注释著作。学校中还组织学生们用希腊语和拉丁语进行朗诵和论辩。学校认为，这样不仅能够使学生更好地学习这两种语言，而且还能够锻炼学生们的思维能力以及他们论述问题的技能。

培根对于学校中的各门功课，他都表现出了超出常人的才智和独立思考的精神。在剑桥大学里，他还阅读了大量亚里士多德和柏拉图的著作；

现在的剑桥大学三一学院

并且从这两位哲学家以及关于他们的注释家的作品中，获得了有关苏格拉底以前的哲学家的一些初步知识。不过，也正是由于对这两种不同的哲学思想体系有了对比，所以，培根更喜欢朴素的自然哲学，以及早期哲学家为人类生活谋福利的哲学思想。对于那些富于争辩的亚里士多德哲学，他却愈来愈感到不满意。也就是从这个时候开始，在年仅 16 岁的培根的心中，千多年以来一直被人们奉为经典的亚里士多德哲学开始动摇了。培根的心里萌发出了科学和哲学必须要为人类生活实践和服务的思想信念。正是这个信念支配着他未来一生的学术生涯。

仕途之路

在剑桥大学中学习了 3 年后，1576 年，培根作为英国驻法大使的随员来到了法国。他在法国的英国使馆中工作了两年多，这不仅使他在处理外交事务方面的能力得到了提高，而且还为他提供了对欧洲国家的政治状况进行观察的机会。后来，培根曾经把他通过自己的观察了解到的结果写成了一本《欧洲政情记》。培根对巴黎有很深的印象，尤其是当时在巴黎风靡一时的学术沙龙。为了讨论一些新的思想，巴黎当时经常都在组织这样的沙龙，同时这种沙龙也是各个圈子的人的一种非正式的聚会。在 32 年以后，培根在他的哲学著作《各家哲学的批判》中，就是采用了一名哲学家在集会上进行演说的形式写成的，而且他就把这个虚拟的集会地点安排在了法国巴黎。这也是培根出于对当年那些在巴黎举行的沙龙的记忆的保留。

3 年以后，在公元 1579 年，培根的父亲尼古拉·培根突然病逝。于是，培根结束了他在英国驻法使馆中的工作，回国奔父丧。据说，尼古拉在生前非常宠爱这个小儿子，而且还特别为他储蓄了一大笔款项，准备购买一份相当可观的田产作为培根日后的生活用度。然而，由于尼古拉突然辞世，所以，培根能够继承的遗产只有其中的 1/5，因为培根同父异母的兄弟一共有 5 个。父亲的去世，同时在精神上和物质上都给培根带来了沉重的打击。培根不仅失去了政治上的靠山，同时也在经济上陷入了困境。

此后，他再也不能够衣食无忧地生活了。这对贵族出身的培根来说，他对这种巨大的生活落差一时感到很难适应。

培根为了能够使窘迫的生活状况得以改变，也为了能够继续过着奢华的上流社会的生活，他就需要能够在仕途上有所进展。因此，他需要寻找到新的政治靠山。于是，培根选择了他的叔叔，当时英国的内阁首相——威廉·塞西尔爵士。他希望叔叔能够成为他跻身于仕途的一块跳板。凭借着父亲在世时候的名望、自己的才干，以及和叔叔之间的亲戚关系，他能够在仕途上飞黄腾达。可是不久后，培根就失望了。因为威廉·塞西尔爵士当时一心一意只在考虑提拔自己的两个儿子，所以没有分出心神为他的侄子培根做任何事情。不过，培根并没有因此就放弃了进入仕途的想法，他继续在为这一目标而努力。

一方面，培根四处谋求职位；另一方面，他继续努力学习和研究法律知识。公元1582年，培根通过考试成为了一名正式的律师。公元1584年，培根被选为了国会的议员。此后几年中，在每届的国会选举里，培根一直连选连任。在国会和法庭上，培根的辩才非常有名。与培根同时代的著名的剧作家和诗人本·琼生曾经对培根的辩才作过非常生动的描述："找不到能够比他说得更清楚的第二个人了，而且他的演讲是那样的持重而富有感染力。虽然他在演讲中使用的材料并不见得比别人的都丰富，可是，他的内容却比别人都充实，而且他的演说词中的每一部分都是紧密联贯在一起的，是那样的无懈可击。因此，凡是在听他演说的时候，所有人几乎都集中了全部心神，没有任何人分心分神，否则就会漏掉其中的意思。"在这期间，培根在仕途上可谓是春风得意。但是，培根并没有满足于这一切，他一直都希望能够成为大法官。

培根急切地需要靠法律来充实他的钱袋，但同时也需要靠哲学来滋养他的灵魂。所以，一方面，他忙着四处求官，但是在做官的这段时期中，培根也没有忘记他的学术研究活动，更没有忘记自己要对人类的知识进行

改革的大志。他曾经给自己的姨夫，当时位居财政大臣的博莱写过一封求职信，他在这封信中，初次透露了自己的志向："我承认，我正在思考一个宏远的规划，就像我也拥有一些平常人的目的一样，因为我已经把所有的知识都当成了我进行研究的领域，所以，如果我能够从这些领域中把以下两种人清除出去——一种人只会轻浮的争辩、互相驳斥和说一堆无用的废话，另一种人只有盲目的试验，只会道听途说和使用欺骗的手段——那么我就能够通过自己勤勉的观察得出有根据的结论，并进行有益处的发明和发现。我的这个希望，不管是出于我的好奇心，还是出于我的虚荣心，抑或是出于我的天性，或者是出于我的仁慈，都已经深深地印入了我的心中，使我不能够忘怀。"

很显然，在这个时候，培根已经比他在剑桥求学时候成熟多了。出于对亚里士多德的怀疑和不满，他决心要对脱离实际、脱离自然的所有知识进行改革，并把经验观察、事实依据、实践效果引入认识论之中。这个抱负是伟大的，也是他后来提出的科学的"伟大的复兴"中的重要目标，更是他为之奋斗一生的哲学理想。

前途失意

在漫长的几十年的时间里，培根一直都忙着在宫廷里面寻找自己的立足之地，但是他的多次求职都没有得到回音。他除了给叔父和姨父写求职信以外，他还结交了艾塞克斯伯爵。艾塞克斯伯爵是女王的宠臣，他曾经怀着无比的热情，极力向女王推荐培根，但是也一样没有能够成功。很多人都感到难以理解，培根身为前掌玺大臣的儿子，又是当朝重臣博莱的外甥，并且培根又拥有出众的才华，英国女王伊丽莎白对此也并不是一无所知，那么培根为什么却一直不能够得到重用呢？有人是这样分析的，因为博莱忌妒培根的才华，并且担心培根成功以后会成为自己的儿子罗伯特的对手，所以就有意从中作梗，对培根进行阻挠和压制。当然，除了这些表面上的原因，也有别的更深层的原因。

例如，在培根写给博莱的求职信中，他提到了自己对人类知识进行改革的大志，这在博莱看来，却无疑说明了培根的执著、野心，以及骄傲自大。更重要的是，在博莱的眼里，这封信体现出了培根具有革新的精神，而博莱并不能够认可这样的精神。尤其是培根在信中说到他立志要驱逐的两种人，同时培根把炼金术和经院哲学家也并列在一起进行反对，这一点也得不到博莱的认同。要知道，在当时的英国，包括女王和大臣们都热衷于炼金术。而当时，英国海浑舰队为了能够与西班牙抗衡也需要大量的钱财，身为财政大臣的博莱正为此苦恼不已。所以，博莱一直都把希望寄托

在了炼金术上。因此，培根的革新，他对炼金术的反对，使得博莱对于培根的大志根本就不想理睬，也不愿意表示支持。

培根想通过依靠博莱谋得一官半职的希望落空了。在这个时候，他和艾塞克斯伯爵认识了，并且很快就和艾塞克斯伯爵成为至交。1581 年，艾塞克斯毕业于剑桥大学。1584 年，17 岁的艾塞克斯开始进入宫廷为官。1585 年，艾塞克斯进入军队服役，并在远征荷兰的战役中立下了卓越的战功。回国后，艾塞克斯就得到了女王的垂青，并且红极一时。

艾塞克斯只比培根小 5 岁，相貌英俊，在宫廷中深得伊丽莎白女王的宠幸。艾塞克斯对发明、科技和人类的进步也很关心，并且他也很热爱哲学。所以，艾塞克斯和培根一见面，就被培根的智慧深深地吸引住了，两人迅速产生了强烈的友谊。作为聪敏的年长者，培根经常向艾塞克斯提一些有益的建议或者忠告。在培根的帮助下，艾塞克斯在与塞西尔争夺权势的斗争中慢慢占了上风。

对于培根仕途的坎坷，艾塞克斯深为同情。所以，他曾经先后好几次努力要帮助培根在宫廷中谋个一官半职。第一次，他推荐培根担任总检查长，但是却被其叔父推荐的爱德华·科克爵士取代。第二次，他推荐培根担任副检查长，但是在经过了两年半的不懈努力之后，仍然旁落他人。

对于这样的结局，艾塞克斯深为无奈，培根也很沮丧。于是，为安慰培根，在 1595 年，艾塞克斯把自己的一处价值 1800 磅的庄园赠送给了培根。

虽然在官场上不得志曾经一度令培根很失意，但是他并没有为此放弃任何一个机会。培根曾经说过这样一句格言：“顺境并不意味着就不会有许多恐惧和烦恼，逆境也并不意味着就得不到许多安慰和希望。”这正是培根对于自己生活经历发出的真实心声。

在培根处于人生的低谷时，一个偶然的机会，他认识了孀居的哈顿夫人。哈顿夫人不但有才有貌，而且拥有大批的财产。这时，培根正想通过婚姻来改变自己的命运，于是他就开始向哈顿夫人求婚。虽然培根的相貌英俊潇洒，并且又有才学，再加上艾塞克斯伯爵也在为他说好话，但是就和政治上的失意一样，最终哈顿夫人嫁给了爱得华伯爵，培根得到的仍然只有无奈和沮丧。

虽然艾塞克斯伯爵深受女王宠幸，但是他争强好胜，而且喜欢意气用事，所以在十几年的宫廷生涯中，他一直和女王矛盾不断。渐渐的，艾塞克斯就在女王面前失宠了。这个时候，培根也清醒地认识到了艾塞克斯伯爵并不能够成为他永远的靠山。于是，培根又转投他的叔叔塞西尔，还给叔叔写信联络感情。当然，培根也并不是一个忘恩负义的小人。

1578 年，在蒂龙伯爵的领导下爆发了爱尔兰起义。艾塞克斯打算亲自统率军队前去进行镇压，或由自己亲自选择统帅去镇压起义。这时，培根却很清楚地看到，蒂龙伯爵是一个足智多谋的人，而且善于打游击战，并不容易对付，所以，镇压不但不容易取胜，就连和平也很难维持。而且培根还发现，伊丽莎白女王这次出征的目的完全是为了能够对爱尔兰进行征服和占有，所以这是一场不义之战，将会受到世人的非议和谴责。所以，培根就劝说艾塞克斯不要参与这件事情，最好能够留在英国。可是，艾塞克斯却一意孤行，没有听培根的劝告，仍然亲自率领远征军进入了爱尔兰。培根又在艾塞克斯出发之前给他写了一封信，在信中对艾塞克斯说明了要在战争中取胜的必要性，还再三告诫艾塞克斯一定要服从女王的命令。

可是，艾塞克斯却是一个有勇无谋的军事家。1599 年，艾塞克斯率领16000 名步兵、1500 名骑兵出发了，两个月后，他的军队总共只剩下了4000 人。9 月，面对龙蒂伯爵的强大攻势，艾塞克斯同意了相当于无条件投降的条款。于是，伊丽莎白女王连着给艾塞克斯送去了两个急件，要求艾塞克斯回信对自己的行为进行解释，并且明令禁止艾塞克斯离开爱尔兰。然而，对于这一切，艾塞克斯全当没有发生似的，并在 9 月 28 日离开

了爱尔兰返回英国。伊丽莎白女王一怒之下，下令拘禁艾塞克斯，一直到第二年，也就是 1600 年 6 月才将艾塞克斯释放。

在艾塞克斯被拘留期间，曾经有人想要把他置于死地。这时，作为女王的法律顾问，培根通过自己的努力，使得艾塞克斯幸免于难。但从此以后，艾塞克斯伯爵就再也不受女王恩宠了。艾塞克斯失宠之后，开始仇恨那些想置自己于死地的人，并且开始反对女王。后来，他还发动了一场诉诸武力的夺权逼宫行动，但是失败了，艾塞克斯被捕入狱。作为女王的法律顾问，培根成为了起诉人。在关于怎样定罪的问题上，当时很多人都认为艾塞克斯只是一时卤莽，在冲动的情况下错误行事，他只是为了反对自己的政敌，并没有打算威胁女王的生命，甚至就连女王也支持这样的说法。可是，作为艾塞克斯昔日好友的培根，这时却坚决认定艾塞克斯的谋反是有目的的、是自觉的。于是，经过了培根一翻口若悬河的演讲之后，艾塞克斯的命运被改变了，他最终被法官和陪审团送上了断头台。艾塞克斯死后，培根受到了人们的谴责。虽然人们都承认艾塞克斯有罪，但是却无人能够接受培根忘恩负义、出卖朋友的行为。

专注学问

　　虽然培根极力逢迎塞西尔父子，与权贵艾塞克斯伯爵结交，并试图通过各种手段取悦女王，但是他的仕途一直没有什么起色，并且在谋求宫廷官职上不断受挫。曾经有很长一段时间，培根只是担任着像国会议员和女王法律顾问这样的虚职。

　　1603 年，伊丽莎白女王去世，她的侄儿苏格兰王——詹姆士六世继承了王位，历史上称为詹姆士一世。当时，培根给那些与新国王接近、能够影响新国王的人写过大量的信，和他们联络感情，请求他们的帮助，期望自己能够在新的王朝中有所作为。当时的他对自己的前途颇为乐观。他甚至还直接给詹姆士写了一封信，并且把他写的《论学术的进展》的书题献给詹姆士。培根在信里和书题中，对詹姆士极尽了奉迎献媚之事，极力称赞詹姆士的才学和智慧，甚至还将詹姆士和"上帝"相提并论。培根以为他的这番积极的活动能为他在宫廷中赢得一官半职，能得到詹姆士六世的好感和信任，但是让培根料想不及的是，他不仅没有从詹姆士六世那里得到他想要的，甚至就连他的法律顾问一职也被剥夺了。

　　现在，培根彻底绝望了，他开始对自己的仕途心灰意冷了。而此时的他已届不惑之年。无可奈何的培根只能放下仕途的梦想，开始转向去完成他的另外一个人生目标，实在他的学术理想。培根清醒地意识到，如果再不回到学术研究上来，那么他的一生将会一事无成。所以，在经历了多年

的宦海沉浮，荣辱得失以后，并通过他对社会，对人生的观察和思考，他写了一本《论说文集》。这本书出版后风靡一时，甚至对今世也产生了深刻的影响。培根在这本书中对人生的问题作了讨论，对人生的哲学作了深刻的提炼和概括。

在政界混迹多年之后，培根依然孑然一身。他经常备感孤独，感到自己的生活没有物质上的保障，所以，他需要找到一位家世好、富有钱财的妻子，这样才能为自己的著书立说提供物质上的保障。于是，培根和一位元老议员的女儿认识了，并且最后成功地和她结了婚。由于婚姻，培根在经济上的状况得到了明显的改善，也为他从事哲学研究提供了物质上的保障。

随着人生阅历的加深和目标的转移，培根逐渐把大部分时间和精力都放在了学术研究上。在这期间，他在学术研究方面取得了累累的硕果。他先后写出了《关于自然解释的序言》、《时代的勇敢产儿》、《自然的解释》、《论事物的本性》、《论人类的知识》、《新工具》等书籍，其中最有名的是《新工具》这本书，在那个时代中，它是最有名的散文杰作。

在曾经求学的年轻时代，培根就对亚里士多德等人的辩论哲学提出了反对意见，并且立志要建立一种新的、科学的哲学研究方法。《新工具》这本著作正是培根对理想的哲学研究方法所作的全面阐述。后来，《新工具》一书成为培根的《伟大的复兴》这部作品中的重要部分。在《新工具》中，培根主要阐述了知识方面的问题，并提出了人类应该怎样运用知识。在培根看来，知识并不仅仅是一种学问，也不仅仅只是一种纯粹思辨的工具，更不仅仅只是谈话的工具，知识本身就具有一种实实在在的巨大力量，具有一种能够改造自然的力量。所以，培根在书中这样写道："人的知识和人的力量结合为一。""达到人的力量的道路和达到人的知识的道路是紧挨着的，而且几乎一样的。"后来，这两句话被概括成了"知识就是力量"。培根的这一观点体现出人类对知识的全新认识，是人类关于知

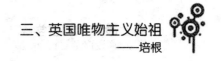

识的一次革命。

在《新工具》中，培根对传统哲学的脱离实际、对人类毫无用处，甚至妨碍人们获得真理的虚妄观念作了批判。他还对旧的逻辑方法只求在争辩中获胜，在征服自然中却毫无用武之地作了批判，他提出要用科学的归纳法取代盛行的思辨推理方法。在《新工具》中，培根对经验论的认识原则作了阐释，为近代归纳学奠定了基础，并为恢复人们对自然的统治权开辟出了一条与从前不同的道路。因此，培根成为近代唯物主义经验论的鼻祖。

就在培根潜心于对学问进行研究的同时，他的心中也依然没有放弃过做官的梦想。就在培根经过了长期的等待、希望、失望，几乎心灰意冷的时候，命运之神却开始向他招手。公元1607年，培根被任命为副检察长，并成功得到了在20年前伊丽莎白女王拒绝给予他的职位。在6年以后，即公元1613年，培根又被任命为检察长，这个职位他向往已久。公元1617年，培根继任掌玺大臣。公元1618年，培根成为英格兰的大法官，并被封为维鲁兰男爵。公元1620年，培根被封为圣阿尔本斯子爵。那时，培根已经达到了他仕途中的顶点。在哲学史上，培根是鲜有的有着高官显爵的哲学家。

这个时候，培根不仅仅已经拥有了显赫的地位，而且他也实现了自己要对学术进行改造的理想。公元1620年，《伟大的复兴》出版。这本著作寄托着培根的政治理想和学术理想。虽然这本书中还有许多不完善的地方，但是却获得了人们如潮的好评，一时之间，培根的声誉达到巅峰，就连学识博学、才华出众的剑桥国王学院的柯林博士在阅读了书中的《论学术的进展》之后，都觉得自己从前的读书时间似乎都白白浪费掉了，直到现在才开始读书。于是，培根的作品很快就被翻译成了各种文字，并在世界上迅速传播出去。欧洲的一些学者在阅读了他的书后，有的人还专程跑到英国去求见他，还有的人甚至会带着一张培根的照片回国作为纪念。

在《伟大的复兴》这本书中，总共有六个部分：一是科学的分类；二是新工具，关于自然解释的指导；三是宇宙现象，或者作为哲学基础的自然和实验的历史；四是智力的阶梯；五是先驱者，或者新哲学的先锋；六是新哲学，或者能动的科学。对于人们询问为什么要给书取名为《伟大的复兴》，培根作了这样的解释。他说，世界上的事情最主要的莫过于要把意志和事物的交易恢复到原有的完善的程度，或者至少要有所改进。作者对于为什么不能够凭借旧的哲学来达到这个目的作了强调，并且宣布要把科学、艺术和人类的所有知识全部进行改造的必要性。

《伟大的复兴》出版以后，培根就成为了一名结束以神学为依据的经院哲学的旧时代的破坏者，以及开创以经验为手段对感性的自然哲学进行研究的新时代的开拓者，成为一名杰出的唯物主义哲学家，使得全部经验哲学的首领地位得到了确立。

可是，好景不长，就在培根还沉浸在别人的赞美声中时，厄运却已经降临了，培根一生的显赫和辉煌也到此为止。成为大法官后不久，他的政治生涯就结束了。公元 1621 年，位高爵显的培根被指控犯有受贿罪，然后被永远驱逐出政界。

不错，培根确实接受过馈赠。在那个时代，馈赠也是一种时代风气，所有的法官都会接受别人的馈赠，而且也并不因为接受了赠礼影响到了对美德的表现，人们对这些早就已经司空见惯并感到习以为常。但不管怎样，培根接受馈赠总是一个事实，作为一名大法官，即使他要想解释也无济于事，人们并不会因为你的杰出就能够原谅你的腐败。所以，培根最后还是从他的权利的巅峰摔下来了。虽然培根自己感到非常委屈，他在写给白金汉公爵的一封信中，曾经这样说道："我知道我有两只干净的手和一颗纯洁的心，同时，我敢说，我有一所可以供朋友们和仆人居住的干净的住宅。"事实上，培根也明白自己只是充当了议会和国王之间进行斗争的一个牺牲品。他曾经还提醒英王詹姆士："现在打击您的大法官的人，将来也会打击您的王冠。"培根的这个推断是很正确的。在 28 年以后，詹姆士的儿子被议会送上了断头台。

对于法庭指控的事实，培根供认不讳，并且在坦白书上签了字。但是，他在为自己辩护时曾经说："我是英格兰这 50 年里最为公正的一个审判官。"但同时，他也承认："对我的审判也是 200 年来，国会做出的最公正的判决。"

虽然培根后来被释放，但是从此以后，他再也不能够担任国家的任何官职了。命运真的是很无情的，培根一生孜孜追求的权力，就这样永远离开了他。

不朽的光辉

在历经了宦海沉浮以后，培根那转瞬即逝的辉煌仕途结束了，并重新进入了安静的哲学世界中，他希望能够在对哲学的追求和探索中安静地度过自己的余生。

培根的身体一直不怎么好，他患有周期性发作的热病。在 1626 年 3 月底的一天，那天的天气很冷，培根乘车经过当时伦敦北郊的海盖特地区，看见了满地的积雪，这时，他忽然想起了什么，于是马上下了车。原来，在这段时间时，他一直都在对冷与热的问题进行研究，并且沉迷于其中。为了研究这个问题，他还把冷的防腐剂功能列入了自己的研究课题。那么，雪是不是也和盐一样，也具有防腐的作用呢？眼见海盖特这里的积雪，现在正好是一个机会，他又怎么能够放过呢。于是，培根从乡下人那里买了一只鸡，然后取出了鸡的内脏，并且亲自把雪填进了鸡的肚子里面。就是由于这次实验，培根患上了风寒。他没有能够及时回到自己的住处，而是去了阿伦德尔伯爵在海盖特地区的别墅里。晚上，培根被安排睡到了室内最好的床上。可是这张床已经有一年没有使用了，床很潮湿而且很冰凉。所以，当培根在这张床上睡了一夜后，他的病情就加重了。

不过从一开始，培根并没有把自己的病当作一回事，因为这个时候的他还沉浸在实验的快乐和激动之中。他还特地给阿伦德尔伯爵写了一封感谢信，并且很兴奋地告诉主人，他用雪冷冻母鸡的试验获得了成功。在信中，培根风趣地把自己为了科学真理甘愿冒着风寒的举动与老普林尼要在火山附近观看火山的爆发相提并论。培根和老普林尼都是伟大的科学史家，他们不仅都有着对自然史的强烈兴趣和执著追求，而且就连最后死亡的原因也是一样的。当时，培根在信里是这样写的："我也许有着和老普林尼相同的命运，老普林尼就是因为做维苏威火山的实验而失去了自己的生命。"结果，培根的戏言不幸成了现实。他患的风寒远远比他自己想象的严重得多，同时，风寒又引发了他的支气管炎，最后，终于在公元1626年4月9日的凌晨，培根因为窒息而死。作为一名身体力行、全力提倡实验科学的思想巨人，培根就这样在科学实验的岗位上牺牲了。

临终前，培根仍然念念不忘科学事业的发展。在遗嘱中，培根除了把一部分遗产留给自己的管家仆人以外，他还规定了一个总数作为大学设置自然哲学和科学讲座的基金，以及25个名额的学生奖学金。而他在遗嘱中对自己的妻子却并没有留下除了她的合法利益之外的任何其它东西。不过，当时的培根已经负债2万多英镑，他的实际财产只有7000英镑，所以，他的捐赠最终没有实现。

培根去世后，他的遗体被安葬在了圣阿尔本斯的圣迈凯尔教堂中。虽然他永远离开了人世，但是他的事业和思想却永远流传了下来。培根死后，忠诚而能干的劳莱博士亲自担负起了为后世保存培根的思想成果的责任，并且在公元1627年到公元1661年之间，他陆续把培根的许多没有面世的作品出版了。公元1653年，培根生前指定的自己遗著的保管人之一波斯威尔先生也在荷兰出版了一本培根的著作，书中包括培根的19篇哲学著作。接着，培根全集也开始准备出版了。今天，培根的作品已经不知道用了多少种文字出了多少种版本了。

随着著作的出版与翻译，培根的思想在世界各国得到了广泛的传播和研究，并且产生了巨大的影响。根据培根教导的方法，人们对科学技术进行钻研，对人类的物质生活进行改造，使得科学技术在近代社会中得到了

突飞猛进的发展，人类适应自然界的能力也获得了显著的提高。因此可以说，一个为了人类付出了艰辛的劳动、作出了巨大的贡献的人，永远也不会被历史遗忘。我们还可以肯定地说，一个毕生都在为改变全人类的命运而奋斗不息的思想家，他的英名也将永垂不朽！

四、学徒出身的思想家
——卢梭

　　卢梭出生于公元 1712 年，去世于公元 1778 年，他是法国著名的启蒙思想家，也是有名的哲学家、教育家、文学家。卢梭曾经提出要建立一种人民主权的国家，对个人的权利和自由进行保障。后来，在法国的资产阶级革命中，他的这些思想都成为了武器和旗帜，也是世界人民反对封建专制制度的武器和旗帜。卢梭充满了激情和智慧的理论，在人类的思想发展史上树立了一个里程碑。今天，虽然卢梭早已经去世了 220 多年，可是他的名字却一直留在我们的心中。

艰辛的童年

　　卢梭的全名是让·雅克·卢梭。公元 1712 年 6 月 28 日，卢梭出生在瑞士一个贫穷的钟表匠家庭里。卢梭的祖先是法国人。由于他的高祖在 16 世纪时改信了新教加尔文教，所以被迫逃亡到了日内瓦。卢梭的父亲名叫伊萨克·卢梭，是一个钟表匠。依靠父亲给人修钟表，一家人勉强维持着生计。卢梭的母亲名叫苏萨娜·贝纳尔，她是一个牧师的女儿，相貌美丽，品德贤淑，而又富有才华。卢梭的父母从小青梅竹马，所以在结婚之后，虽然生活清贫，但是却生活得很幸福美满。卢梭是他们家的第二个孩子，卢梭还有一个哥哥。

　　据说在卢梭的哥哥出生以后不久，卢梭的父亲就应聘到君士坦丁堡去当了一名宫廷钟表师。丈夫离家后，美丽、聪慧而且才华出众的妻子自然会引来许多爱慕的人。深爱丈夫的妻子急切要丈夫离开君士坦丁堡回家。于是，在父亲回家后不久，就有了卢梭。

　　然而，卢梭一出生，他的母亲就因难产而死。一出生就失去了母亲的卢梭，从此开始了不幸的一生。卢梭曾经这么说过："由于我的出生，我的母亲付出了生命的代价，因此，在我人生所有的不幸中，我的出生是我的第一个不幸。"出生后不久，卢梭就开始由他的姑妈苏萨那·卢梭负责养育和照顾。虽然卢梭失去了母亲，但是他并不缺少母爱。在姑母的精心照料下，卢梭健康地成长着。

　　卢梭的父亲深爱妻子。所以，妻子去世后，他就把对妻子全部的爱转移到了儿子的身上。卢梭到了五六岁时，父亲就用卢梭母亲遗留下来的那些生动有趣的小说开始教卢梭练习阅读。每天吃完了晚饭，父亲就会和卢梭在一起读书，有时候甚至会通宵达旦地读书。于是，像这样日复一日地读书，使卢梭养成了热爱读书的习惯。在他 7 岁那年的夏天，他竟然把母亲留下来的全部小说都读完了。读完了母亲的书后，卢梭又开始阅读外祖父留下来的书。卢梭的外祖父是一位博学多才的牧师，所以家中有着非常丰富的藏书。卢梭一本书接着一本书阅读。在这段时间，卢梭的阅读量惊人，而且他读的那些书也令人惊讶不已。例如，勒苏厄尔写的《教会与帝国历史》、博叙埃写的《世界通史讲话》、普卢塔克写的《名人传》、那尼写的《威尼斯历史》、奥维德写的《变形记》、封特奈尔写的《宇宙万象解说》和《已故者对话录》，另外还有莫里哀的几本书，卢梭都阅读完了。这些书不仅极大地丰富了卢梭的知识，而且还给卢梭那幼小的心灵带来了强烈的震撼。卢梭深深地被热爱自由、热爱共和的思想吸引住了，而且正是这样的思想，逐渐培养出卢梭那桀骜不驯的性格。

　　这个时候，发生了一件意外的事情，卢梭和父亲的幸福生活便被这件意外之事打断了。卢梭的父亲和一个名叫高济埃的法国陆军上尉发生了一场纠纷，最后被迫离开了家乡。于是，卢梭不得不被送进了姑母家，这里也是他舅舅的家，因为他的姑姑和他的舅舅结了婚。在舅舅和姑姑的家里，他和表兄贝纳尔相处得很愉快，他们俩一起读书，一起做游戏。

　　在舅舅和姑姑的家里，卢梭度过了 5 年幸福而平静的时光。然而，一件偶然发生的事情，却在突然之间破坏了卢梭平静而幸福的生活。有一天，卢梭正在厨房隔壁的一间屋子里面安静地读书，女仆把朗拜尔西埃小姐（卢梭的老师）的几把梳子放在了沙石板上烤干。可是，在她来取梳子的时候，却发现其中一把梳子有一边的齿儿都折断了。因为当时就只有卢梭一个人在那里，于是她就质问卢梭，可是卢梭却否认动过那把梳子。于

是，家中的大人们，包括一直深受卢梭尊敬的老师朗拜尔西埃小姐都开始规劝他认错，甚至对他进行威逼和吓唬，还对他进行了非常严厉的惩罚。在小卢梭那脆弱的心灵上，第一次烙刻上了这种暴力和不公正，并且对他造成了终生的影响。从此以后，卢梭自由自在、无忧无虑的欢畅的童年生活就结束了。

在卢梭13岁的时候，家里的人为他卢梭选择了一份职业，他们把他送进了当地的法院书记官马斯隆那里，让他跟随马斯隆学习"承揽诉讼人"的工作。因为卢梭的舅舅认为，这是一个非常有用处，也非常有前途的职业。可是，卢梭的心里对这个职业充满了厌恶，因为他不愿意靠着卑鄙的手段去发财。所以在不久以后，卢梭便那离开了那个地方。

随后，卢梭为了谋生，自己寻找到了一份学徒的工作，那就是在雕刻家杜康曼的手下学习做一名零件镂刻师。刚开始的时候，卢梭很喜欢这个工作，而且他还希望能够有朝一日在这方面取得成就。不过，很快他的希望就落空了，因为他的这位老师杜康曼对他蛮横无礼。他不仅脾气粗暴，而且还很苛刻。在杜康曼的手下，卢梭不得不任人摆布，而且他只能做一些低级的工作，在生活中找不到任何快乐。于是，卢梭很快就对这一切感到索然无味，又希望能够继续从书本中去寻找到那片失落的天空。于是，卢梭又重新恢复了读书的习惯。他经常一连好几个小时都待在房间里读书，他沉醉在书本中，甚至还在干活的案桌上读，在出去办事的时候也读，蹲在厕所里的时候也在读，以至于读得他感到头晕脑胀。由于大量的读书，并且经常通过沉思默想书中那些让人感兴趣的细节来自娱，使得卢梭逐渐养成了喜欢孤独的性格。

在这段时间里，卢梭除了依靠读书自娱自乐，就是每逢星期天会和几个小伙伴去城外玩耍。因为他和伙伴们在一起感到愉悦，所以卢梭经常都会忘记回城的时间，他也经常为此受到杜康曼的惩罚。杜康曼在第二次惩罚他时，警告他说，如果再犯的话，还会加倍处罚。所以，卢梭下定决心不再犯第三次。可是，可怕的第三次仍然还是降落到了他的头上。那一天，卢梭和两个伙伴一起回到城里。本来这次卢梭提前回了城的，可是就在他距离桥只有 20 步远的时候，守城的卫兵提前拉起了吊桥。所以，卢梭悲痛地倒在了斜坡上，并且决定再也不回到杜康曼那里去了。第二天，卢梭便踏上了一条吉凶未卜的谋生之路，并开始了此后历时长达 13 年的流浪生活。

四处漂泊的青年

  在 1728 年 3 月，卢梭怀着一种凄凉的心情出走了。这个时候，卢梭无依无靠，而且他没有足够的谋生能力，此时在他的心中多多少少有些恐惧和凄凉之感。但是，他同时也认为自己获得了自由，自己是自己的主人，能够掌握自己的命运，所以他的心中又感到了一些兴奋。

  在外边流浪了几天后，有一天，卢梭来到了距离日内瓦有 4 公里多的萨瓦境内一个名叫龚菲农的地方。在这里，卢梭拜访了鼎鼎有名的德·彭维尔神父。德·彭维尔神父热情地接待了他，而且还把他介绍给了华伦夫人。就这样，卢梭带着德·彭维尔神父的介绍信前去安纳西寻找华伦夫人。在卢梭的一生中，华伦夫人占有重要地位。卢梭称她为"妈妈"。从华伦夫人那里，卢梭得到了亲情、友情和爱情。

  在公元 1728 年的圣诞节那天，卢梭在安纳西的教堂外找到了华伦夫人。当卢梭看见华伦夫人的第一眼，他非常的惊讶，他原本以为华伦夫人是一个面目可憎的，老态龙钟的老太婆，可是却万万没有想到，出现在自己眼前的华伦夫人却是一位风韵十足、美丽柔情的少妇。

  和华伦夫人在一起生活了一段时间后，出于生活的逼迫，卢梭来到了都灵，并且放弃了新教，改信了天主教。在这期间，卢梭先后在洛桑、纳沙泰尔等地担任伙计、音乐教师等职务。不久后，卢梭又来到了巴黎。可是，卢梭在巴黎看见的和他理想中的有着很大的差距。在巴黎，他看见了肮脏的散发着臭味的街道，他看见了丑陋的漆黑的房屋，他看见了乞丐、车夫、缝补女。所有这一切都在他的心里激起了一种强烈的反感情绪，出于对那些不幸的人遭受痛苦的同情，他对那些压迫别人的人深恶痛绝。

在巴黎期间，卢梭曾经在古丰伯爵的家里工作。卢梭的工作做得很出色，而且他时时刻刻都表现出了勤勉、细心和热情，并且得到了大家对他的认可。卢梭还在一次偶然的机会中崭露头角。

有一天，伯爵的家里举行了一场很大的宴会。在宴席上，有人看见壁锦上绣了一句索拉尔家族的铭文"Te fiert guinetuepas"，没想到这个人竟然说"fiert"这个字拼错了，多出了一个字母"t"。这个时候，卢梭就说："我不认为这个't'是多余的，因为'fiert'是一个古法文字，并不是从名词'ferus'（意思是尊大，威赫）里来的，而是从动词'ferit'（意思是他打击，他击伤）中来的，所以这个题词的意思，在我看来并不是'威而不杀'的意思，而是'击而不杀'的意思。"

听到年轻的卢梭竟然把道理讲述得这么明白，大家都很惊奇，好一阵子里鸦雀无声。接着，大家众口称赞他，尤其是伯爵当场就给了他很高的评价。从此以后，古丰伯爵一家人对卢梭更加关心了，而且还准备为他提供更多的成才机会。遗憾的是在不久后，卢梭认识了一位名叫巴克勒的伙伴。巴克勒是一个活泼有趣的、爱说诙谐的俏皮话的年轻人，卢梭非常喜欢他，以至于卢梭对他到了难分难舍的地步，甚至有时候连伯爵的家里也不去了。后来，巴克勒要回日内瓦去，于是，卢梭辞去了伯爵家里的工作，放弃了自己的大好前程，和巴克勒一起去了日内瓦。

经过了四五年的颠沛流离，20岁的卢梭又回到了"妈妈"身边。卢梭和华伦夫人幸福地生活在一起，他感觉到了家庭的温暖和幸福。在这段时间里，卢梭还结交了很多朋友，像年轻的绅士孔济埃先生，他们都爱好音乐，而且两人在文学和哲学上也有很多共同的语言。他们经常在一起对伏尔泰的作品进行探讨，对伏尔泰的哲学思想进行研究。这时，卢梭深深地

被伏尔泰的作品吸引住了，他开始探索新的知识，与此同时，卢梭的头脑里开始孕育着文学与哲学的种子。

在这段时间里，不管是物质生活还是精神生活，卢梭都感到很幸福。不过，卢梭的身体却一天天坏了起来，他一天天地衰弱下去，经常感到气短、心慌，而且高烧不退，甚至有时候还吐血。为了卢梭的健康，华伦夫人和卢梭一起搬到了乡下去居住。他们在尚贝里旁边的沙尔麦特村里找到了一所很漂亮的房子。在这期间，华伦夫人的爱给了卢梭许多的安慰，再加上这里美丽的田园风光，给他们的生活增添了许多平静和幸福，于是，卢梭的精神和身体一天天地好转起来了。卢梭慢慢康复之后，又开始忙于学问。在养病期间，他阅读了许多的哲学著作，例如安东·阿尔诺写的《逻辑学》，洛克的论文，马勒伯朗士、莱布尼茨、笛卡尔的作品等等。后来，卢梭还学习了几何学和代数学。

为理想一波三折

在 1742 年时，卢梭又一次来到了巴黎。这时的他已是而立之年。因为卢梭一直对音乐怀有强烈的兴趣，而且他在这方面也确实具有一定的天分，所以，在这几年里，他一直都在朝着音乐的方向努力，并且希望能够在音乐方面做出一番成就。他这次之所以来到巴黎，就是为了他新发明的乐谱方案的论文。

来到巴黎以后，卢梭首先去拜访了博茨先生。他受到博茨先生的热情接待。然后在博茨先生的介绍下，卢梭又认识了雷奥米尔先生。卢梭把自己的方案向雷奥米尔先生作了陈述，于是，雷奥米尔先生又写了一封建议书交给了学士院，还约定了进行答辩的日期。

1742 年 8 月 22 日，在雷奥米尔先生的带领下，卢梭来到了学士院，并且宣读了他的关于新的记谱法的论文。可是，负责审查论文的专家并不是专门研究音乐的，而且他们都固执地认为苏埃蒂神父曾经想出了用数字对音阶进行表达的办法，所以就武断地说卢梭的记谱法并不是新的发明。于是，学士院只是给卢梭颁发了一张措词极为夸张的奖状。

面对这样原结果，卢梭感到很气愤。他又多次对审查委员和其他院士作了拜访，但是仍然没有办法对原有的结果进行改变。于是，在经过了几个月的努力之后，卢梭把自己那论文式的记谱法改写成了一部以公众为对象的作品，并且以《现代音乐论》的书名出版了。不过书的销路很差，卢

梭指望能够名利双收的梦想幻灭了。虽然受到这样的打击，但是卢梭并没有悲观失望，他反而放松下来，并表现出了一种听天由命的心态。在这期间，卢梭经常和他新结交的朋友们一起散步喝茶，在他的这些朋友中，包括狄德罗。

卢梭在困顿之中时，在布洛伊夫人的推荐之下，他担任了法国驻威尼斯的大使的秘书。卢梭在为法国大使当秘书的这段时间里，他把工作干得井井有条，而且他显示出了自己杰出的外交才干，并且受到了使馆同行和那些了解他的人们的夸奖。卢梭希望能够凭着自己良好的成绩，获得更好的任用。但是，卢梭出色的工作却并没有给他带来好报。一方面，法国大使需要卢梭对他的工作进行协助；在另一方面，法国大使又很嫉妒卢梭的才干，并且专门和卢梭作对。在这样的情况下，卢梭只好愤然辞职。

卢梭遭遇的那些不公正的待遇，使得他心中更加增添了愤慨。他仇恨不公正的社会制度。在他看来，在这样的一种社会制度中，真正的公益和正义总是在为了一种莫名其妙的表面秩序牺牲，而实际上这种表面秩序又破坏了所有的秩序。所以，卢梭所有的追求和努力最后都落空了。可是，卢梭不后悔。他决心要发挥出自己的才能，要再闯出一条光明的生活之路。

从此以后，卢梭又开始搞他的歌剧创作。为了躲避干扰，他住进了一家非常僻静的圣康坦旅馆。在这个旅馆中，卢梭认识了一个名叫戴莱丝·勒·瓦瑟的女孩。虽然戴莱丝的身份很低微，但是她有着淳朴的风度和温柔的眼神，而这使卢梭对她感到了着迷。很快地，两人就一起坠入了爱河。在戴莱丝那里，卢梭找到了家的温暖，得到了心灵上的慰藉。不过，虽然卢梭很爱戴莱丝，但是他并不想和戴莱丝结婚。

卢梭在旅馆中过着深居简出的生活，他创作的歌剧很快就完稿了。为了能够把他的这部歌剧推向社会，他请当时的"权威"拉摩先生前来对他的作品进行鉴赏。但是，拉摩先生却认为卢梭不是科班出身，没有受过正规的教育，不可能创作出什么好曲子，就算歌剧中有很精彩的内容，那也一定是卢梭抄袭别人的作品。自己辛辛苦苦创作出来的作品竟然得不到别人的认可，这对卢梭来说并不是第一次了，所以，卢梭也不感觉有什么太大的失落。随后，卢梭又对自己的歌剧进行了多处修改，可是，就在歌剧准备上演的时候，他却又被别的工作牵扯过去了。

在凡尔赛宫开音乐会时，要演出伏尔泰的歌剧《纳瓦尔公主》。黎塞留公爵对卢梭的才华很赏识，并决定让卢梭负责对歌剧进行改编。因为卢梭很崇拜伏尔泰，所以他没有拒绝，而且他对伏尔泰的作品进行了大胆而又谨慎的修改与再创作。没想到，在这项工作完成以后，又有人从中作梗，硬说他对歌剧中的曲子修改得不是那么完善，而且还要去请教那位先前和卢梭过不去的权威。面对这样的对待，卢梭一下就病倒了，他病倒在床上，整整有六个星期都没有出门。其实在歌剧正式演出的时候，音乐爱好者们对卢梭谱写的部分都感到很满意。

在这段时间里，卢梭一直都生活在困顿之中：不管是在物质方面还是在精神方面，他都饱受了挫折。不过，虽然在各方面都受到了挫折，但是卢梭并没有放弃，他自始至终都保持着昂扬的奋斗精神。

终有所成

　　在 1749 年初，狄德罗因为他在《论盲人书简》中，有几句话涉及到了私人，从而得罪了迪普雷·德·圣摩尔夫人和雷奥米尔先生，并且被关进了范塞纳监狱。

　　虽然狄德罗被关在监狱里面，但是他有会见朋友的自由。所以，卢梭经常去监狱里探望狄德罗，还借机向狄德罗请教一些问题。在 1749 年夏天的一天，卢梭又去看望狄德罗。卢梭去的时候，还带了一本《法兰西信使》杂志在路上边走边看。忽然，他看见第戎学院的有奖征文公告，而征文的题目是《科学和艺术的进步是否有利于敦风化俗》。卢梭一看到这个题目后，他的头脑中的那些长期以来一直孕育着的许多富有生气的思想就像潮水一样涌动起来。于是，卢梭决定写文章去应征。

　　卢梭为应征写的论文的题目是《论科学与艺术》。在这篇文章中，卢梭从研究人类发展史着手，从人类的良知觉醒的时期开始，分别对东方和西方古老帝国及欧洲的兴起作了叙述，对人类社会经历的变化进行了论述，并得出了一个这样的结论：人生来就是平等、自由的，自然是美好的，科学艺术的发展没有给人类带来好处，只是造成了社会道德的堕落和种种罪恶。虽然卢梭在这篇论文中对科学艺术完全作了否定，虽然他的观点是偏激的，而且缺乏全面的分析，但是在这篇论文中却蕴含着卢梭以后的一些思想的萌芽，像"天赋人权"说和"自然状态"说，并且还表现出了他早期的反封建的思想，并且还对 18 世纪法国封建专制制度下的上层社会的虚伪和腐朽作了强有力的抨击。

在 1750 年，由于论点新奇，论证有力，文笔优美，《论科学与艺术》这篇征文获了奖。卢梭获奖之后，他的名声大振，并且很快就成为了法国文坛上的风头人物，这也是卢梭一生中的一次重大转折。卢梭由衷地感受到了成功的喜悦，感受到了作为一个自由的有道德的人才是最伟大的人。于是，他决定要改变自己的生活方式。从此以后，他要放弃追求物质财富和荣誉，要开始自由创造思想。

虽然卢梭在获奖之后名声大振，可是由于他的论文的立论很新奇，所以同时也遭到了许多的人的批评和贬低。另外，随着名声来的还有没完没了的应酬。于是，卢梭为了躲避这些应酬和喧嚣的都市，潜心于学术研究，他接受了朋友的建议，搬迁到了距离巴黎不远的一个名叫帕西的乡村。卢梭住在帕西的亲戚缪沙尔的家里。卢梭和缪沙尔都对音乐有着执著的爱好，他们经常在一起对意大利的喜歌剧进行探讨。为了能够让更多的法国人了解喜歌剧，在缪沙尔的鼓励下，卢梭决定创作一部喜歌剧。于是，他用了 6 天的时间来创作《乡村卜师》。《乡村卜师》在后来公演，并且取得了巨大的成功，卢梭还被邀请到宫廷里面去演出。在 1753 年的狂欢节中，《乡村卜师》在巴黎的演出也获得了成功。不过，《乡村卜师》却引起了意大利音乐与法国音乐之间的争论，甚至卢梭本人也险些遭受生命威胁。《乡村卜师》的成功在给卢梭带来荣誉和收益的同时，也给卢梭带来了许多的烦恼。

在 1753 年的冬季，第戎学院又宣告要以《人类不平等的起源》为题举行征文活动。卢梭对这个题目也一样感兴趣，因为这也正是卢梭想要进行探讨的问题。于是，卢梭又一次决定应征。他经过了较长时间的思考和研究之后，写完了他的第二篇用来应征的论文，这篇论文的题目是《论人类不平等的起源和基础》。这篇论文分别从经济和政治的角度对社会不平

等的根源进行了挖掘，并对文明社会的贫困、奴役和全部罪恶进行了雄辩的证明，证明那一切都是以私有制为基础建立起来的。在论文中，卢梭还很明确地指出，通过暴力来推翻罪恶的封建专制政权是合理的。后来，这篇论文成为卢梭最重要的理论著作之一，并标志着卢梭思想的初步成熟。

不过，在这次的征文中，出于政治方面的原因，卢梭的这篇论文并没有获奖。公元 1755 年，《论人类不平等的起源和基础》在荷兰出版。卢梭的思想使整个欧洲震动了，其影响力远远超过了卢梭的第一篇论文。

隐居生活

公元 1754 年，42 岁的卢梭在身体和精神方面都备感疲惫，于是，在戴莱丝的照顾下，卢梭乘坐着一辆马车前去日内瓦。

日内瓦的人早就已经知道了卢梭在巴黎的名气。因此，卢梭回到日内瓦后，受到了各界的热烈欢迎。在日内瓦，卢梭的境遇和他在巴黎形成了鲜明的对比。

不久后，卢梭决定再回巴黎对戴莱丝的父母作一下安排，然后再带着戴莱丝回到日内瓦安度余生。可是等他们到了巴黎后，在埃皮奈夫人和其他亲友的再三挽留下，卢梭最后只好放弃了回日内瓦定居的计划，并决定住进埃皮奈夫人专门为他修建的"退隐庐"里。

1756 年 4 月 9 日，卢梭正式移居到了退隐庐。因为退隐庐的环境很优美，所以，卢梭在刚刚来到的时候心情是很激动的，他几乎每天都要去外边游玩。好几天以后，他的心情才逐渐平静了下来，并且开始构思作品。

在退隐庐里，卢梭和戴莱丝在一起的时间多了起来。随着时间的流逝以及了解的深入，卢梭对戴莱丝的爱情也日益加深，并且在两人共同生活了 25 年之后终于结婚。伴随着戴莱丝的爱情，卢梭逐渐进入了一个虚幻的境界之中。并且在这个虚幻的境界里，他以一种非常浪漫、幻想的手法，创作出了他的书信体的小说《新爱洛伊丝》。这部小说其实是卢梭对少年时代的一些回忆，也是他给过去没有能够满足的而且现在仍然在继续侵蚀

着他的心灵的那种爱的欲望的出路。在这本书中，卢梭涉及到了社会、艺术、人的情绪、乡野生活、宗教、自然景物等诸多方面的内容，并体现出了在他思想中具有的那种热爱自然，回归自然的倾向性，同时也体现出了他的爱情观和伦理道德观。在法国文学史上，《新爱洛伊丝》最先把爱情作为人类的一种高尚情操进行了歌颂，也最先在小说中对大自然的美丽风光作了描绘，并且为卢梭奠定了世界著名文学家的地位。

《新爱洛伊丝》在巴黎出版以后引起了很大的轰动。卢梭的经济状况也因此得到了改善。于是，卢梭才能够更专心地投入到《爱弥儿》和《社会契约论》等作品的写作中去。

在这段时期，卢梭创作出了他一生中最重要的一部作品，这就是《社会契约论》。这部作品是卢梭思想的里程碑。其实，《社会契约论》这部作品当时是在秘密中进行创作的，甚至连卢梭的好友狄德罗也不知道。因为在当时，由于社会环境和国度方面的原因，书中的很多思想都是非常大胆的，而且也是冒风险的，甚至还可能面临着危险。1762 年，《社会契约论》出版了。在这部作品中，卢梭提出了一个普遍深刻的问题，那就是怎样才能够既维护了社会整体的力量，同时又能够对个人的权利和自由进行保障的问题。卢梭得出的答案是，在人与人之间应该订立一个社会契约，每个人都要将自己的全部权力移交给社会共同体，并服从社会共同体的决定，这样就能够建立起一种人民主权的国家。在这样的国家中，公意就是法律，因为每个人都已经把自己的全部权利移交给了共同体，所以共同体就掌握了国家最大的权力，因为国家和人民是完全合一的，所以每个人在服从国家的同时就是服从自己。于是，在这个意义上，服从和自由就统一在了一起。

《爱弥儿》比《社会契约论》先完稿。但是，《爱弥儿》却在《社会契约论》出版之后才得以出版，而且《爱弥尔》的出版也很是费了一番周折。

《爱弥儿》这部作品经过了卢梭长达 20 年的思考，耗了他整整 3 年的时间才得以完成。这部作品不仅仅是一部教育学上的名著，而且还对卢梭的哲学、政治和伦理思想作了阐释。在书中，爱弥儿是一个假设的教育对象。卢梭通过对这个假设的教育对象进行教育的过程，提出了教育要服从于自然的永恒法则，并提倡要听任人的身心自由发展的"自然教育"，并要通过这种自然教育使儿童尽量发展自己的个性，能够自由自在地享受大自然赋予给他们的权利，人人平等、互助互爱。但是，当时的学校都是依附于教会的，并且都以宗教的信条来束缚儿童个性的发展，所以，在当时的情况下，卢梭的这种教育思想无疑是大胆的，是对当时教育体制的一种有力抨击。

《爱弥儿》出版以后，巴黎教会就发出了声讨书，法院也下达了通缉令。《爱弥尔》被当众焚烧，人们甚至还扬言要烧死卢梭。因此，卢梭只好逃往国外。

国外避难

　　在卢森堡夫妇的努力和帮助之下，在抓捕他的人到达之前，卢梭就告别了朋友，然后上了马车，开始了东躲西藏的流亡生活。

　　本来，卢梭想回到自己的祖国日内瓦。可是在日内瓦，反对卢梭的势力也同样很强大，尤其是他的那篇《论人类不平等的起源和基础》，在日内瓦议会上更是引起了强烈的仇恨和敌视。因此最后，卢梭决定逃往瑞士。卢梭坐了四天的车来到了瑞士境内。他刚刚一进入瑞士境内，就下车亲吻大地，并且高声叫道："天啊！你是道德的保护者，我赞美你，我踏上了自由的土地了！"

　　到达了瑞士之后，卢梭住进了朋友罗甘先生的家里，在这里，他感到自己那颗漂泊的心再次遇到了一个温暖的家。

　　可是在不久以后，卢梭就听说日内瓦也开始下令焚烧他的书籍，对他的通缉令已经传遍了欧洲。甚至还有不少的报纸、杂志和小册子都已经对他发起了攻击，并纷纷骂他是一个反教分子、是一个无神论者、是一个狂人和疯子……看见形势如此严峻，卢梭感觉自己待在瑞士也不是那么安全了。于是，在公元1763年，卢梭和戴莱丝又在普鲁士莫蒂埃暂时定居了下来。在普鲁士，卢梭在国王和乔治·吉斯勋爵的保护之下，过了一段平静安宁的生活。

　　在普鲁士宁静的生活中，卢梭暂时放弃了写作的念头。不过，为了生活，他很快又不得不重操旧业，于是又重新拿起笔开始写作。这时，卢梭开始着手对自己已经搞了10多年的《音乐辞典》进行修改和誊清，并且开始收集、准备资料，准备写一本回忆录。卢梭一边编《音乐辞典》，一边写回忆录，他的生活相对比较平静，但是也只是暂时的。事实上，他仍然时时刻刻都在受到别人的攻击，不过，别人的攻击也只能让卢梭越来越出名，慕名来向卢梭请教的人也越来越多。其中，卢梭和巴黎大主教毕蒙之间的激烈辩论受到了世人的普遍关注。

毕蒙主教说卢梭在他的作品中宣扬的是假道学，说卢梭只是一个自以为学识丰富而误入歧途的人。此外，教皇还对卢梭进行了指控，说他散布色情，并斥责《爱弥儿》是建立在无神论的思想基础之上的。对于这些无理的指责，卢梭坚决地进行了反驳和回击。然后，卢梭又在十分困难的情况下发表了《致毕蒙主教书》一文。在这篇文章中，卢梭对自己的政治、哲学、宗教观点作了深入的阐释，他说："主教阁下：我是一名天主教徒，是一个非常诚挚的教徒，我遵从圣经福音书中的信条。虽然我是一名教徒，但是我并不是牧师的信徒，我只是耶稣基督的信徒……我发现宗教和政治都是具有缺陷的，我之所以关心这件事，是因为在政府中的罪恶只会使平民百姓遭殃，但是良知上的错误却会使道德沦丧到何等地步呢？……"在这篇文章中，卢梭以无可辩驳的论证对毕蒙主教的指责作了反驳。但是，这篇长达150多页的《致毕蒙主教书》在1763年出版后，卢梭又一次受到了批评，而且这次对他的批评更为激烈，其中尤其以日内瓦人对他的攻击为甚。

卢梭一次又一次地受到来自祖国的打击，虽然他很热爱自己的祖国，但是此时也难免有些心灰意冷。于是，他决定前往英国。不过，虽然卢梭到了英国，但是顽固派对他的攻击还在继续着。1767年5月初，卢梭来到了英国东南部的多佛港，第二天，他又到达了法国的加莱港，并结束了他将近五年的国外逃亡生活。

寂寞的终曲

由于还是一名通缉犯，所以，卢梭回到法国后，不得不过隐姓埋名的生活。为了不让别人怀疑他的身份，卢梭开始对植物进行研究。他采集植物标本，还不时地和国外的植物学家们通信。

在这段时间中，卢梭除了研究植物，他还继续写自己那部伟大的作品《忏悔录》。在卢梭的晚年，《忏悔录》是一本重要的著作，也是一部最具有个性特点的自传，这部作品记述了卢梭从出生时开始，一直到1766年他被迫离开圣皮埃尔岛，总共50多年的生活经历。卢梭在叙述他的这些经历时，也展示了自己对平民的同情以及对自由和平等的追求，并体现了他逐渐成熟的理论和观点。所以，这部作品不仅是卢梭一生的历史，也是卢梭的情感和思想发展的历程。这是一部非常富有思想性和艺术性的作品，并且被后人看成一首抒情的诗，也是一首世界文学中最优美的诗，并成为了世界文学史上的一面独树一帜的标志，进一步体现了卢梭作为浪漫主义抒情文学大师和开拓者的地位。

1770年，法国当局赦免了卢梭，并且卢梭可以自由地选择居住之地。在这年的六月，卢梭和戴莱丝终于回到了巴黎。他们居住在古老的布拉屈斯镇中，依靠卢梭的版税收入和朋友的津贴维持生活，另外，他帮人抄写乐谱和创作乐曲也有一些收入。

在这时，卢梭的性情已经变得非常孤僻。他的疑心很重，对任何人都不相信，而且他也不愿意让别人进入他的书房，更是很少和他那些过去的熟人进行联系。不过，卢梭越是不愿意见人，外界的人就越想见一见这位著名的隐居者。其中还有的人想趁机捏造出一些有趣的故事，并写成文章发表出来。其中有一个故事这样叙述了人们急于想见到卢梭的情形。一个人问："你们聚集在这里做什么？"。另外一个人回答说："我们正在等着看一看卢梭先生。""谁是卢梭啊？"人们又问。"我们也不知道，不过等一会儿他就要经过这里。"

在 1776 年 10 月 24 日，卢梭和平时一样去郊外散步，他一边散步一边思考着他的作品。大约在晚上 6 点钟，他从山冈上走了下来，这时，只见有一条高大的丹麦狗在一辆马车前面飞快地奔驰，并且向他扑了上来。一时之下，卢梭躲闪不及，就摔倒了，并且失去了知觉。等到事故发生以后，消息就传到了巴黎。有的报纸在对这个消息进行报道的时候，还特地加上了一个意味深长的标题：《卢梭被狗践踏!》，另外还有的人对事实进

行了歪曲和篡改。面对这些半是谣传半是诅咒的消息，卢梭只能够用自己的信仰来抚慰自己那颗受伤的心灵，他相信总有一天他会受到世人公正的对待。有了这个信念的支撑，卢梭的心情又平静了下来，于是，他依然每天去散步，一边散步一边遐想，并且还采集了很多的植物标本，同时他还在进行着写作，做他自己愿意做的事情。

1778 年 4 月 12 日，也就是圣诞节的这一天，在这天清晨，卢梭听到了教堂里面的钟声，他马上就

卢梭岛上的卢梭像

想起了在 50 年前的这个节日，当时他初次见到了华伦夫人，当时的情景一下子就浮现在了他的眼前。

1778 年 7 月 2 日，卢梭还是一如往常地在一大清早就出去采集植物标本，不过这次，由于脚痛，他很快就回家了。等到他回家以后，卢梭就感到胸口一阵阵地疼痛，他的大脑也像在被人敲打一样。于是，卢梭要戴莱丝扶着他去窗前看一看美丽的阳光。站在窗前，卢梭说："全能的主啊！天气是这么的晴朗，没有一片云朵，上帝正在等着我啊。"说完之后，卢梭就失去了知觉，他从此再也没有醒过来。

五、不朽的哲学泰斗
——康德

有两种东西，我对它们的思考越是深沉和持久，它们在我心灵中唤起的惊奇和敬畏越会日新月异，不断增长，这就是我头上的星空和心中的道德定律。——康德墓碑铭文

200多年前的哥尼斯堡，每天午后3点半，人们都会在一座庭院外的林荫道上准时碰到一个身高不足5英尺的矮个子。他胸部凹陷，右肩内曲，左肩下斜，歪垂着头，一套灰色的装束，一支灰色的手杖，一位忠诚的老仆人，一把永远为他准备的雨伞，是他永恒的标志。他和他的一切都像机器那样精确守时，市民们在满怀敬意与他们亲切地打招呼的同时，总不忘趁机以此来校对自己的手表。

这就是闻名于世的哲学家伊曼努尔·康德和他的仆人兰培。

褪掉神学的束缚

　　1724 年 4 月 22 日，是旧普鲁士历法的圣伊曼努尔节。这一天的清晨，从哥尼斯堡马鞍匠约翰·乔治·康德家中传出一声嘹亮的啼哭。这个特殊日子里出生的男孩便因此有了一个吉祥的名字：伊曼努尔·康德。康德父母都是信仰新教的虔信派教徒，虔信派强调宗教的精神，重视虔诚的信仰感情，"伊曼努尔"含有"上帝保佑我们"的意思，这也恰好符合康德父母的心愿。他的父亲为人正直，做事光明磊落，把职业与忠诚视为自己的道德准绳；母亲则是个很善良的人，温柔贤惠，慈祥可敬。所以，康德虽然出身贫寒，但深受父母信仰的影响，小的时候的头脑里就被或多或少烙下了虔信派宗教思想的印迹。直到康德晚年的时候，他依旧时常回忆起当年母亲经常领着他到田野里去，告诉他如何观察自然、如何思考问题，并将她所知道的一切有关天体宇宙构造的知识讲给他听。伊曼努尔·康德经常说："我的父母身上所具备的道德和礼貌，以及正直的品格，都可为后人效仿。虽然他们离开我的时候，没有留下一点家产，但是他们对我的教育和影响，为我在社会立足做好了充分的准备。从道德层面上看来，没有什么能比这更为高尚和珍贵的了，所以我每次想到这些，心中都充满了感激。"能够看出父母对康德的影响有多么的深远和深刻，不仅仅是在宗教学说的训练或者影响，更重要的是他得到了一个温暖、有依靠感的环境，这些都帮助康德建立自信和自我价值。所以，可以说康德后来在哲学领域

和其他方面所取得的成就，也与父母对他的影响有着千丝万缕的联系。

1732年秋天，8岁的康德进入了当地的"腓特烈"中学，这是一所公立学校。学校是敬虔会的附属机构，课程的安排基本上就是向学生灌输神学思想和宗教道德。那里弥漫的压抑而机械刻板的气氛，使人几乎失去独立思考的勇气，更不用说关注人的心智发展规律了。每天例行的教义问答，枯燥的宗教神学课程以及无休止的单调乏味的祈祷，这让年轻的伊曼努尔·康德感到厌倦甚至反感。即便这样，康德仍然在此努力认真地学习了八年，打下了坚实的根基，并且毕业时以优秀的成绩取得了就读神学系、法律系、哲学系和古典学系的资格。

1740年，康德作为一名神学学生以优异的成绩考进了哥尼斯堡大学。当时，牧师在社会上具有很高的身份，是一份令人尊敬和羡慕的工作。他的父母当然也希望他将来能够成为一名牧师，但此时的康德早已对枯燥的神学失去了兴趣，而是经常跑去听哲学课。就在那时，任教逻辑形而上学的年轻副教授马丁·克努岑发表了德文作品《真实基督教义哲学性的证明》，克努岑是哥尼斯堡最有名声也最有影响力的哲学家之一，那时许多学生都以曾是他的学生为荣，他的学说相当流行，也很受欢迎。于是，他也成为了康德最喜爱的教授之一。后来克努岑出版了《关于彗星的理性思维：彗星的本质与特性及其运动之研究与阐释，附今年一颗重要彗星的简介》，据说，也正是这本书唤起了康德对自然科学的兴趣，后来也把克努岑教授视为引导他走入科学殿堂的人，他从克努岑教授那里了解到当时英国自然科学的成就，从克努岑教授借给他的书中第一次听说了牛顿的名字。在克努岑教授的影响和帮助下，康德开始了对自然科学的孜孜探索，然而窘困的生活状况常常使他不得不中断学业。他不得不挤出时间给低年级的学生讲解古典文学、数学、自然哲学等课程来贴补生活。尽管生活贫困，但康德从没有放弃自己对自然科学的热爱和对真理的追求。"要使财务受你支配，而不要你受财务的摆布"、"不要绕着困难走，要迎着困难

行"这些格言是康德在茫然、困顿的时候用来激励和帮助自己走出困境的明灯。

当康德24岁的时候，已经顺利地大学毕业，而他的父亲在他上大学期间去世了。那时的他居无定所，生活没有保障，前途也黯淡迷茫。大学里也没有他任职的位置，更没有什么前途可言了。他决定到哥尼斯堡附近的小城镇去做家庭教师。这对于康德当时的处境来说，或许是唯一的也是最好的选择了。他在那里的贵族家庭做了5年的家庭教师，虽然康德曾自嘲说再也没有哪个家庭教师比他还差，但他确实是个比自己想象中要好的老师，因为他教过的学生都非常喜欢他。同时，这期间也是他一生中生活最绚丽多彩的时期。他出入于上层社会的社交圈子，他的学识和幽默使他成为话题的引导者，他使女士的沙龙富有生气，无论是玩扑克还是打弹球，康德都驾轻就熟，深得贵族们的欢迎和学生们的尊敬。甚至还传说他与一位年轻的貌美的凯瑟琳伯爵夫人产生了近似爱情的情感。康德不仅学会和磨练了上流社会里的应对技巧，同时也没有放弃对科学的热爱和对真理的追求。在此期间，他还发表了他的处女作：《关于生命力的真实估计之思考》，内容是关于笛卡儿和莱布尼茨提出的哲学与科学命题。这部著作的内容是关于物体动能的计算公式，在此之前，笛卡儿和莱布尼茨都提出过有关动能计算的公式。而康德则想实现二者的统一，他提出在一种情况下使用笛卡儿的公式，在另一种情况下使用莱布尼茨的公式。尽管现在看来，这种调和是不成功的，但可以看出康德挑战权威的勇气。康德认为，无论是莱布尼茨还是笛卡儿，即使是牛顿，只要是有碍真理的揭示我们就应该无情地抛弃。而且他还在这本书的最前面写着塞涅卡的一句名言："不要重蹈前人的覆辙，要走你所应该走的路。"

推开哲学的大门

1754 年 8 月，在暌违了 6 年之后，康德又回到了哥尼斯堡，从此他再也没有离开过家乡。虽然他余下的人生就局限在这方圆几十公里的城镇，但他的思想和智慧却在人类想象力的海洋里尽情遨游。这期间他开始准备毕业论文，同时也开始撰写一些短论，并且在《哥尼斯堡周报》上发表了为普鲁士科学院征文而写的《地球是否从生成的时候起就在由于绕轴旋转而日夜交替中发生过某中变化》。在这篇论文中，康德论述了地球的自转速度会受到海洋的潮汐活动对地球的摩擦力的影响。由于当时没有精确的数据和案例来支持和论证他的论点，这篇论文也没有获奖，但在今天看来，他的结论无疑是正确的、有洞察力的。这篇文章后来也成为他的天文学著作《关于诸天体的一般发展史和一般理论，或根据牛顿原理试论整个宇宙的结构及其机械起源》（以下简称《宇宙发展史概论》）的一部分。

17 世纪及其以前的自然科学家，包括牛顿和伽利略，研究自然科学又同时都信仰天体起源于上帝。虽然康德的天体假说学说同样也是在信仰天体起源于上帝的基础上提出的。但在事实上，康德还是在自然科学的唯物主义原则的指导下研究天文学。他没有假借任何神学的原理来解释自然，或以上帝的构想为前提的神学考量，对他来说，这并不属于物理学的范围。康德的机械论的创造观摒弃了这些和神学相关的词汇，他所需要的就是物质和力。他曾说："给我物质，我就可以建构一个世界，也就是说，

给我物质，我将向你们指出，宇宙是怎样形成的。"在康德身上我们几乎始终都能发现这种既坚持自然唯物主义又不放弃对上帝的信仰的矛盾。而且，康德的许多思想和观念都是相互矛盾的，而这些矛盾却恰恰又充当了人们找寻真理的指南。比如，《在宇宙发展史》中，康德论述了太阳系在机械原理的作用下由太初物质形成的过程，但同时他又认为上帝是太初物质的创造者。康德还在这本书中预言了我们不是宇宙中唯一的居民，在已发现的行星之外还可能存在其他的行星，而这一预言在他生前就已经得到了证实。在这本书中所阐述的主要哲学思想，如历史主义、发展的思想都是很有意义的，它们所产生的影响在今天仍然显而易见。康德甚至提出宇宙是一个永恒的过程，不是瞬间形成的，而且处在不断变化中。至此，之前那种认为自然界在时间上没有任何历史的观念开始被动摇了。很大程度上说，康德是继哥白尼之后在天文学上最进步的富有开创性的天文假说学的创造者。

现在的格尼斯堡市内一景

1755 年，康德完成《自然通史和天体论》，并以此获得硕士学位。3个月后他又发表了第一篇形而上学论文《对形而上学认识论基本原理的新解释》，并因此终于获得了大学"编外讲师"的资格，开始讲授哲学。尽管只是编外讲师，但他仍然欣喜若狂。获得"编外讲师"资格后，他立即开始讲授数学和物理学课，后来又开了哲学、自然神学、自然地理学、人类学和筑城学课。康德的第一次上课就吸引了大量的学生听课，甚至楼梯上也挤满了人。曾有学生这样描述他的课："我幸运地认识了一个哲学家，他虽然是我的老师，但却具有年轻人所具有的朝气，我甚至相信他老了仍会保持这一点。他那坦率的、思索的前额是宁静和欢乐的所在地，充满思想的话语从他两唇间流出，快活、机智、幽默都听候他的调遣，他的讲课是最有趣的谈话。他关心一切值得了解的东西，与对真理的探索和揭示相比，什么党派、教派、名利对他没有一点吸引力。他鼓励并要求独立思考，一点也不希望处于支配地位。我最感激和最尊敬的这个人是伊曼努尔·康德，他的形象令人愉悦地耸立在我面前。"康德在"编外讲师"这个教职上做了 15 年。由于康德的课很受欢迎，愿意听他的课的学生很多，因此这就成了他的生活来源，并且做到了衣食无忧，为了能帮忙照顾他的生活，还雇佣了一个名叫马尔丁·兰培的退伍军人。

在康德的精神世界里，虽然对自然科学有着浓厚的兴趣，但与此同时，也有另外一种东西正在吸引着他——哲学。在任助教期间，康德开始时常发表一些这方面的著作。内容从自然科学、美学、神学甚至到巫术应有尽有，但贯穿其中的主题只有一个，那就是哲学研究应该如何进行：是从理性的观点出发，从普遍真理中推导出有关事物的真理还是从经验出发，通过观察得出普遍的结论？

康德的著述和他独特而幽默的讲课风格使他渐渐成为一个受人尊敬的哲学家，他的影响也不再局限于哥尼斯堡这个小城镇，很多学生甚至从外地慕名而来希望成为他的弟子，其中最著名的还有与哥德和席勒一起成为

魏玛古典派顶梁柱的赫尔德。尽管如此，康德在很长的时间里依然没有得到期望已久的教授职位，令人费解的是，他居然拒绝了科尼斯堡提供给他的诗学艺术教授聘书，还拒绝了来自埃尔朗根大学和耶拿大学的教授聘书。他表示只愿意在哥尼斯堡大学担任哲学教授，因为他不愿意离开家乡，而且愈发糟糕的身体状况也不允许他迁居他乡。正如康德在给友人的信中说："我胸腔狭窄，心脏和肺的活动余地很小，天生就有疑病症倾向，小时候甚至十分厌世。"直到1770年，康德在46岁时终于获得了哥尼斯堡大学逻辑学与形而上学教授一职，他的就任报告题目是《感性与知性世界的形式与根据》。

作为教授，他还是像从前一样讲很多的课，他的自然地理和人类学课最受欢迎。尽管康德从未离开过哥尼斯堡，但知识的渊博的他却以其对细节的出色的记忆力、丰富的想象力和良好的表达使得听起来他好像漫游了全球，把异域的情景描述得生动有加。康德的讲课风格不在于按部就班的教学方法，他从不强调重复，也不善于循循善诱那些比较驽钝的学生，而且，据说康德在讲课的时候习惯于盯住前排的某个学生，以便在上课的时候能够根据他的表情判断是否听懂了他的课程。然而，对于康德来说，如果这个学生碰巧在长相上或穿着上有什么特点或毛病的话，那后果将是灾难性的。有一次，康德在整堂课上思维都不能集中，许多学生都不能理解，后来康德解释说因为坐在前排的一个学生的外衣掉了一个钮扣。

时钟般的生活，分秒丰盈

　　康德毕生没有远离家乡，也没有结婚生子，他就像一部最精确可靠的机器，日复一日地沿袭着自己的时间表生活。人们都说，康德的一生是言行一致的一生。在他生命的长河中，理性一直在精神与物质的交锋中占据主导。作为道德家的康德在向世人宣扬他的道德准则的同时，也在努力地实践着自己的道德准则。康德的一生也是极其淡薄和规则的一生，为了自身的健康和心中的道德律，他始终过着一种与世无争的、有着严格时间秩序的生活。一位传记作者就曾说过，他的一生就像最规则的规则动词一样，而且这还是一个从不与其他词搭配的动词。

　　康德坚持每天早上 5 点起床，从不贪睡。他的仆人记录了他一天的安排：起床后先喝上一杯茶，然后开始备课，早上 7 点到 9 点去学校给学生上课，下课后回到家里继续做研究工作，一直到下午 1 点，开始邀请他的朋友们共进午餐，晚上的时间大部分都用来阅读和思考问题，而且他从不把阅读的范围局限在哲学领域而是博览群书。众所周知，康德保持着户外散步的习惯，早年由他的老仆人兰培陪同，一边散步，一边说说话。但是后来他发现用鼻孔呼吸比用嘴呼吸更能够避免咳嗽和感冒，于是他就再也不用兰培陪伴，而总是一个人静静地散步。后来，康德经常散步的这条小路被人们称为"哲学家之路"。他每天都准时的出现在小路上，风雨无阻，终年不变。但是在 1762 年却出现了一次例外，他一连好几天没有出门散

步。因为这几天他对卢梭的《爱弥尔》产生了兴趣，这本书强烈地吸引着他，以至于他食不甘味夜不能寐，非一口气读完不可。读卢梭的作品对康德的研究起了重要的作用，他把卢梭比作"第二个牛顿"。他曾说，牛顿公理带领他去探索整个宇宙的秘密，而卢梭则帮助他走向人类灵魂的深处。

但即便康德是如此的守时，仍赶不上他的朋友格林的要求。一次，两人相约坐格林的马车一同出门，时间定在 8 点。离 8 点差一刻格林就开始在马车旁踱来踱去，不时地看表，8 点一到他就马上上车走了。尽管在路上遇见了迟到几分钟的康德，他却依然没有停下马车而是呼啸而过。这件事对康德的影响也很大，从此他再也没有迟到过。

尽管康德几十年如一日的辛勤工作，但他的身体状况一直不错，这大概与他的极有规则的生活习惯和对健康的重视是分不开的。1771 年当他写作《批判》时，他的健康状况不是很好，几年以后他的健康状况继续恶化，然而康德却通过坚强的意志和精心的调理、保养使得他的健康状况不断好转。他保持健康的格言是：忍耐和节制。康德非常喜欢抽烟和喝咖啡，但因为考虑到健康，他只是在早上抽上一次烟，咖啡则干脆完全戒掉。

康德的生活是虽然是刻板规则的，但并不单调乏味，甚至可以说是丰富多彩的。除了日常繁重的教学工作之外，他的业余生活倒显得十分活跃。他的中午和晚上大部分都是和别人一起度过的。一方面康德从不单独吃饭，他认为一个人单独吃饭不但不利于休息，反而浪费精力，从而对健康不利，所以，会经常邀一些朋友一起享用午餐，其间他们可以无拘无束地交谈各种话题和意见。这也是他一天中唯一的一顿饭。虽然康德喜欢和客人一同进午餐，但他又不喜欢人多的大型聚会，他认为那样不能使每个人都参与谈话，意见也不能充分地表达。另一方面他也不断被邀请参加城里主要家庭的宴会和聚会。他常去拜访凯泽林克伯爵一家，"连续多年，毫不间断"。凯泽林克家族有着浓厚的文化兴趣，特别在音乐方面。伯爵一家也很尊敬他，因为康德懂得"高贵的生活方式"是个"优雅的绅士"，而且他每次都被安排坐在女伯爵右上首最崇的位置。有一位地理学家兼天文学家伯努利 1778 年访问哥尼斯堡时写道："我在伯爵家里和一位学者共进午餐，他是哥尼斯堡大学最伟大成员之一，受人尊敬的康德教授。这位著名教授在社交中是如此活泼有礼的人物。他拥有这样一种优雅的生活方式以至让人很难想象他身上会有这样一颗深深探求的心灵。可他的眼睛和面容流露出一种大智大慧，这与达朗贝尔的相似之处确实引人注目。"

　　哲学家们都喜欢处在安静的环境中静静地思考，康德也不例外。据说，有一次因为邻居的大公鸡不断地打鸣，使得康德不能专心思考，于是我们的哲学家找到了邻居说："要么你杀掉公鸡，要么我搬家。"因为邻居舍不得杀掉公鸡，我们的哲学家就真的搬家了。很多了解康德的人都说，他的个性有时完全像一个小孩子，这从上面搬家的事情便能看出来。

巨星陨落，思想永恒

  正如很多见过他的人描述的那样，他身材矮小，体格纤瘦，而且他的胸部有点下陷，这常常使得他呼吸有些困难，也很难承担过多的体力负荷。他的肌肉无力而且发育不足，骨质也比较脆弱，容易过度劳累。他偶尔也有气喘的病症，体质有些虚弱，很容易受感染，还有些过敏，对新鲜的报纸的油墨也会打喷嚏。

  随着年龄的增长，康德的身体状况开始令人担忧，思想也渐渐开始混乱，和朋友的交往也随之减少。后来康德又瘦了很多，他的肌肉组织也在不断地萎缩，甚至难以坐稳。生活几乎不能自理，经常需要一个人守在他的身旁，以便专门照顾他的生活起居。即便如此，康德还是会每天坚持在桌旁坐一会儿，用颤抖的手写下一些断断续续的文字。晚年的伊曼努尔·康德似乎仅仅是自己的一个影子。临死前的若干年里，他的身体和精神都极为衰弱，作为哲学家的康德也只剩下了一个影子。那时德国哲学界的风云人物是费希特、谢林和黑格尔等人，他们被视为德国唯心主义的领军人物誉满天下。1799 年，75 岁的康德发表了生前最后一篇文章《论与费希特科学之关系》。在这篇封笔之作中，康德对费希特的科学哲学给予的评价是：一文不值。这是康德作为哲学家的最后一句话，从此他就告别了哲学舞台。

  1802 年的冬天，康德的身体状况开始糟糕起来，为了缓解每次吃过饭后身体的不适，他不得不宽松衣带。
到了 1803 年春，伊曼努尔·康德的健
康状况明显恶化，这是他生平第一次
好几天没有下床走动，即便如此，他
仍然坚持让人把他扶到庭院里走走，
尽管此时他已经很难自己走路。到了
入秋之后，他再也无法阅读，而且渐
渐失去了听觉。到了 1804 年 2 月 3
日，他已经不能进食，只能陪着客人
坐在桌旁，后来康德的心智甚至恶化
到恍惚得不知道自己是谁，也不认得
任何人。2 月 11 日晚，康德的妹妹、
侄子还有他的几位朋友彻夜守在他的
床边。将近黎明时分，他的面色开始

康德墓

变得苍白，身体开始发僵，曾经充满睿智的眼神变得暗淡。所有的人都守
在他的身旁默默地为他祈祷，直到他的呼吸停止，脉搏停止了跳动。1804
年 2 月 12 日上午 11 时，离他的 80 岁生日不到两个月，伊曼努尔·康德完
成了自己的使命，在他热爱的家乡哥尼斯堡去世。康德的死几乎没有任何
悲壮和神秘之处，他的死就像他的一生一样清清楚楚，简简单单，宁静
自然。

构筑三位一体的哲学殿堂

尽管康德在自然科学上取得了诸多辉煌的成绩，但他还是以哲学家的身份铭记在大多数后人的心中，换句话说，他终还是凭借着其哲学论著的影响被铭刻在人类文明的史册上。歌德曾说："当你读完一页康德的著作，你就会有一种仿佛跨入明亮的厅堂的感觉。"

康德在其30多年的研究生涯中，创作了三部划时代的杰作：《纯粹理性批判》、《实践理性批判》和《判断力批判》。另外他还著有《任何一种能够作为科学出现的未来形而上学导言》、《道德形而上学》和《永久和平》等书。他的哲学思想和对自然科学的研究成果在这些著作中都有体现。

1772年，康德设计了《对纯粹理性的批判考察：理论的与实践的》写作计划，最初他希望用3个月的时间完成前一部，结果这3个月延长至6年，6年之后他又计划，希望这部书在夏季的时候会与世人见面，并且篇幅不会很长。可是直到1781年它才问世，而这已经是整整6年后了。

在发表《批判》前的十年被称为"沉默的十年"，在这期间康德没有发表过任何文章。康德当时虽然已经成为哥尼斯堡大学的正教授，但在很多人眼里，仍然只不过是一个平庸之辈而已。就连德国启蒙运动时期的著名哲学家摩西·门德尔松也认为康德虽获得教授头衔，但他仍然和一位普通教师没有差别。因而在 1770 年至 1780 年期间，康德的学生克芳斯到柏林旅行时，一次机会参加一些由教授们举行的园会，他提到康德案头有一部肯定会让哲学家们焦躁不安的著作《纯粹理性批判》时，居然被教授们大大嘲讽了一番。不仅《批判》出版前如此，就连后来的《纯粹理性批判》面世，也没有引起应有的巨大反响，相反，反应非常淡漠，人们对他的书不加理睬，因为很少有人能读懂他的书。最后以至于出版商开始考虑是否要把没有卖出去的书扔到废纸堆去。要知道如今在西德的古物店里，这本书的第一版，每本售价高达 7000 马克。康德曾将出版的样书分赠给朋友和一些著名人士，希望得到一些回应，可反应一样平淡。这本书对于很多人来说，是那么的艰深难懂，他的好友约翰·舒尔茨花了两年的时间去研读之后才给康德复信。在此期间，康德也收到了很多其他人的复信，谈什么的都有，唯独不对《批判》给予回应和评价。这对康德来说无疑是一种曲高和寡的落寞。

《纯粹理性批判》批判那些采取纯粹形式的，不以任何经验为转移的理性本身，而并不是针对任何书或任何哲学体系的批判。康德认为在我们的认识论中存在许多矛盾从而导致了错误，所以，我们必须在使用认识工具之前先对认识工具进行研究和考证。他综合了当时流行的唯物主义和经验主义两种理论，对理性与经验的有效使用和无效使用加以区分，科学地解释了认识是一种能动的建构。尤为值得一提的是，康德的《纯粹理性批判》最终把神学从理性的地盘上彻底清除，他认为我们把理性的原则应用于自然界根本不会产生任何神学。如果说我们无法证明上帝是不存在的，那么同样也不可能证明上帝是存在的。于是，康德在自然和逻辑领域中推翻了上帝的存在，但尽管如此，他还是仁慈地给上帝留了一块私属领地——道德。

《纯粹理性批判》是"三大批判"中影响最大的一部。与《纯粹理性

批判》相比，《实践理性批判》就容易理解多了。一般来说，实践比理论容易理解，这一点，康德与我们的看法是相同的。

在《纯粹理性批判》中，康德回答的是"我们可以做什么"的问题。而在《实践理性批判》中要回答的是伦理学的问题"我们应该怎样做"。简单而言，康德给我们的解答是："我们要尽我们的义务。"但"尽义务"具体指什么？为了清楚地回答这一问题，康德提出了著名的"（绝对）范畴律令"："要这样做，永远使得你的意志的准则能够同时成为普遍制订法律的原则。"康德认为，人在道德上是自主的，人的行为虽然受客观因果的限制，但是人之所以成为人，就在于人有道德上的自主能力，能超越因果，有能力对自己的行为负责。

1786 年 10 月，康德在《柏林月刊》上发表了专题论文《何谓在思维中确定方向》。在这篇文章中，他质疑并批评了用直觉的方法直接认识上帝的可能性，而在此之前，康德早在《纯粹理性批判》中就对那些企图借理性证明上帝存在的观点进行了批判。如笛卡儿等理性主义者就曾试图用各种方法证明上帝必然存在，理由是所有的人都有一个关于"至高存在"的概念，而亚里士多德和托马斯·阿奎那等人之所以相信上帝存在是因为一切事物存在必然有一个最初的原因。康德对这两种理由都不认同，他认为无论理性或经验都不能有力地证明上帝的存在。比如对于理性而言，上帝存在与不存在都有可能。也就是说，在知识的领域内上帝已无立足之地，但康德在将上帝赶出知识领域之后又将上帝安排在了道德的领域。康德认为不应该把知识和信仰看成一体，并且认为信仰是有其存在的必要性的。他为宗教创造了一个真空状态的空间，在这个空间里，理性和经验都派不上用场，这个空间只能用信仰来填补。康德说："为了道德，我们有必要假定上帝的存在。"这样，在伦理道德的领域，上帝终于找到了存在的理由。根据康德的理论，每个人都有"实践理性"，就像我们都有感知事物因果关系的智慧

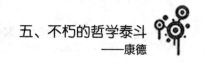

一样，我们也能够感知普遍的道德法则。这便是《实践理性批判》的核心内容。

《判断力批判》是康德的美学著作。第一部《纯粹理性批判》为我们勾画出一个为必然因果的自然世界，而后的《实践理性批判》又为我们勾画出一个理性自我立法的自由世界。如何将两个世界统一起来？这便是《判断力批判》要解决的问题。

《判断力批判》中康德通过对美的各种分析，得出这样的论证：自然，不仅是人们认识的对象，而且是审美观参照的对象。人的道德观念，不但可以作为人的伦理行为的律令，而且也可以在感性对象之中表现。因此，尽管世界在感性现象上是不统一的，但可能统一在更深存在的本体世界中。

由此看来，康德用他的三部"批判"实现了他理想中的真、善、美的统一，构筑起三位一体的神圣的哲学殿堂。虽然在哲学上，将真、善、美作为人类的根本价值，在西方思想史上历史悠久，最早可以追溯到苏格拉底，但是，没有哪位哲学家能像康德一样，将真、善、美作为哲学体系的主体来构造哲学理论的大厦。康德哲学的重大贡献就在于，对真、善、美所体现的人类根本价值作出深刻的论证。而且这些论证的深度在于，不仅仅论证了这些根本价值，更在于他对这些价值的每一领域做出的论证，尤其是他对每一领域的论证都极其深刻，无不代表了当时哲学的最高水准。

康德作为德国古典哲学的开创者，后来很多哲学家都受到康德的影响，如：费希特直接受教于康德，其哲学体系便是由康德哲学脱胎而来。而黑格尔一方面批判康德，另一方面他也承认："康德哲学应该成为新哲学的基础和出发点，任何离开康德立场的倒退都是不允许的。"伊曼努尔·康德逝世后，他的哲学得到了高度评价，他也从"哲学的影子"蜕变成为人类思想天空里的一颗闪亮的巨星。当代德国著名哲学家、现

代存在主义哲学奠基人卡尔·雅斯贝斯，将康德与柏拉图（约前427—前347）和奥古斯汀（354—430）并列称为三大"永不休止的哲学奠基人"。康德将和他的哲学思想，在人类思想进步的舞台上，永远夺目、鲜活、不朽。

六、客观唯心主义的集大成者
——黑格尔

乔治·威廉·弗里德里希·黑格尔（1770--1831），他是德国古典哲学的主要代表人物之一，是客观唯心主义的集大成者，是近代欧洲最著名的辩证法大师。

在人类的哲学史上，黑格尔树起了一座丰碑。由于黑格尔，西方哲学史上最庞大的客观唯心主义的哲学体系形成了。并且在这个哲学体系中，许多丰富的哲学思想至今仍然让人叹为观止。黑格尔的这些哲学思想就像璀璨放光的珠宝一样，在人类的思想宝库中释放出了耀眼夺目的光彩，并且让后人在这些思想面前，也对它们赞叹不已。

在黑格尔的一生之中，他写了许多著作。在知识的领域中，黑格尔几乎算得上是一位巍然屹立的巨人。在哲学史上，他那巨大的身影遮掩住了一个多世纪的哲学发展历程。也就是从那个时候开始，人们要么对黑格尔作了继承，要么对黑格尔作了批判，但是无论怎样，人们都难以避开黑格尔。在人类的思想历程中，黑格尔铭刻下了一道深深的印痕。

平凡的少年

　　在 1770 年的 8 月 27 日，在德国西南部符腾堡省的斯图加特城里，在路德派的基督教徒乔治·路德维希·黑格尔的家里，人们听见了几声“哇哇”的婴儿的啼哭，一个新的小生命诞生了。这是一个男孩，他就是后来享誉世界的乔治·威廉·弗里德里希·黑格尔。

　　黑格尔的祖父是一名新教的牧师，著名诗人席勒在出生后，就是由黑格尔的祖父为他做的洗礼。黑格尔的家庭中，世世代代都信奉路德新教。黑格尔的远祖就因为信仰新教，在 16 世纪末被驱逐出了狂热信仰天主教的奥地利，并且迁居到了符登堡。当时，符登堡是法国的启蒙思想新潮流和德国民族传统文化相交汇的地方。或许正是由于这样的家庭背景和和文化传统，塑造出了黑格尔那宁重深沉的气质。

　　在少年时期，黑格尔最先进入了拉丁学校中学习，后来，他进入市立文科中学里面读书。在中学里读书的时候，黑格尔就有了写日记的习惯。而且在当时，写日记对于中学生来说也是一件很普通的事情。那时，黑格尔的那些日记似乎也并没有触及到什么情感上的问题，日记中的语言也是平淡无奇的，感觉就像是在记流水帐一样。关于这一点，从黑格尔下面的几篇日记就能够看出来。

　　星期四，7 月 14 日。阿贝尔和堆普夫的两位教授光临了我们的聚会。我们和他们两位教授一起散步，他们特地向我们谈到了维也纳。

星期五，7 月 15 日。我和克苗斯教授一起散步，我们聚神会神地谈到了德尔松的《斐多》……

星期六，7 月 16 日。市府秘书克拉普夫勒先生在今天去世了，大家原来以为他的健康已经有所好转呢。他去世后，他留下了 9 个孩子，有一个儿子在 8 天前接替了他的职位，他的另外一个儿子在去年秋天进了修道院。……

另外，黑格尔在他的日记中还记述了一些颇有兴趣的"小事"，这些"小事"显得很"诙谐冲突"，读起来耐人寻味。

星期二，6 月 28 日（1785），今天，我才发现，同一样东西可以给各个不同的人留下不同的印象……我吃樱桃的时候，觉得樱桃的味道很好，而且我要尽量享受，……但是在同时，另外一个比我年纪大一些的人，却对樱桃不感觉兴趣。他说："一个人年轻的时候，从卖樱桃的女人身边走过，没有不流口水的。但是等到年纪一大，我就可以眼看着春天过去，一点也不渴望吃那东西了。"所以，我就悟到一个令人痛心的至理，那就是在人年轻的时候，想吃不得吃，到了年老的时候，有吃却不想吃。

1 月 3 日，全部月食。学校中准备有天文仪器，很多人都围聚在这里观看，但是天却被云遮挡住了。于是，校长告诉我们说："在儿时，他和别的孩子有一次夜晚偷跑出校外去玩，借口要观察星星。当警察看见他们后，打算把他们带到看守所里。于是，这些孩子们就说：'我们在看星宿。''不行。'警察回答说，'小孩子在夜晚应该上床去睡觉，到白天才准出来看星星'。"

虽然吃樱桃、看星星只是一些小事，但是对于我们进一步了解黑格尔却很有启发意义。在叙述这些矛盾趣事的时候，黑格尔一反他记录那些陈年老帐的死板常态，他写得兴趣盎然，而且事情写得耐人寻味，这足以证明黑格尔喜欢深入观察并思考生活中的一些矛盾现象。

在黑格尔这个时期的日记中，我们可以看见黑格尔在少年时代的性格

和志趣的焦点。首先，黑格尔养成了读书和记笔记的习惯。黑格尔在笔记中客观的记述了他在日常生活中看见的事物，他和老师在散步的时候的谈话；其次，黑格尔很留心地观察并发现矛盾的现象。在黑格尔的日记中，有这样一个想法："每一件事情都有它坏的一面。"正如同一个年轻人对樱桃会流口水，可是一个老年人却对樱桃感到无动于衷。从这件事情，黑格尔就悟出了一些道理："人在年轻的时候想吃却吃不到，人在年老的时候虽然有吃的却又不想吃了。"在这里，黑格尔的思想已经闪现出了辩证法的火花。

在中学时代，黑格尔就已经表现出了他对哲学的浓厚兴趣。他广泛阅读了洛克、休谟和康德的作品，而且还大段大段地把他们的著作中的话摘录下来。黑格尔还专门准备了一个笔记本，从1785年开始，他就开始专门收集各种定义，包括迷信、美、哲学、逻辑、变化、国家等等，他似乎是在一种无意识中，为他的哲学百科全书进行准备。

从文科中学毕业的时候，按规定，每个学生必须进行一次公开演讲。黑格尔的口才很平庸，但是在演讲中他恭维学监，感谢老师，而且还慷慨地把阿谀之词送给了家乡符腾堡公国当局，结果他获得了官方的奖学金。从初省世事的中学时代开始，到成为享誉欧洲的著名教授时止，黑格尔在当权者面前总是表现得恭顺谦卑，他不能够挺起腰来。这就是他那备受指责的"德国庸人"的性格特征。

在战斗中成长

在 1788 年的 10 月份，黑格尔由于中学毕业成绩很优秀，于是被保送进了图宾根神学院里读书，成为了图宾根神学院的一名公费生。这所神学院是在 16 世纪创立起来的，目的是为了培养未来的牧师和教员。神学院的校址设立在一个修道院的原址上，而且学校中的生活方式也和修道院中的生活方式是相似的：学生们奉命都要早起，然后祷告和吃饭，再上课，然后自习、散步，这一切学校都有着非常严格的规定。

在读一年级的时候，黑格尔还是一个好学生，他是那么的循规蹈矩。到了一年级结束的时候，黑格尔获得了一张特优证书，这张证书上面写道："智力强，勤勉，品行优良。"可是，在黑格尔的性格中，也有贪玩好奇的一面，并且黑格尔也是一个爱好很广泛的人。在不久以后，黑格尔就开始和同学们一起随波逐流，也吸鼻烟、喝酒、玩牌、听音乐、跳舞，放纵着自己，甚至还不惜违背校规，并冒着受惩罚的风险。在接下来的十个学期中，老师对黑格尔的智力一栏的评语总是"强"，而对他品行一栏的评语则从"优良"降到了"及格"，甚至还曾经出现过"劣"的记录。所以，黑格尔在一个"酒鬼"的边缘徘徊着。

但是，黑格尔最终并没有沦落成为一个酒鬼。在这个时候，法国爆发了一场轰轰烈烈的大革命，这次法国大革命完全改变了黑格尔的生命的轨迹。黑格尔后来在历史哲学中，把法国大革命称为是一次"壮丽的日出"。

他说："所有能够思维的生物都在为这个时代的到来欢庆。这个时刻笼罩着一种高尚的热情，全世界都沉浸在一种精神上的热忱之中，就好像是第一次达到了神意和人世的和谐的状态。"大革命的冲击波对沉闷落后的德国产生了强烈的震撼，在人们的心里燃起了希望之光。尤其是在当时的知识界和青年学生们中，法国大革命受到了大家普遍的热烈欢迎。

当然，法国大革命的这股劲风也吹进了图宾根神学院的校园之中。在神学院里面的学生们，虽然笼罩在刻板的生活和黑色的道袍之下，但是在他们的内心，都激荡着要立志对落后的德国进行改革的火热的热情，他们向往着革命和自由。黑格尔也一样，他沉浸在法国大革命的氛围之中。于是，黑格尔开始关注法国大革命的进程，他开始对德国和全人类的政治前途进行思考。从此以后，社会政治问题开始进入了黑格尔的生活之中，关心政治成为他一生的爱好。当时，图宾根也和德国的其他地方一样，成立了一个政治俱乐部。在这个政治俱乐部中，人们阅读法国报纸，互相交流自己的观点，对德国的命运进行探讨。此时，虽然黑格尔年纪轻轻，但是他也是这个俱乐部中的一个积极分子。在集会上，黑格尔经常发表一些热情洋溢的、充满了激情的演说，并且博得了同道们的高声喝彩。在黑格尔这个时期的纪念册中，我们还可以看见一些非常激进的口号，例如："反对暴君！""打倒妄想绝对统治心灵的暴政！""自由万岁！""卢梭万岁！"从这些口号中，我们可以看到法国大革命在这个朴实的青年心中激起了何等的滔天巨浪。

在黑格尔的一生中，他都对法国大革命持一种积极的态度。每当谈起这场革命的时候，黑格尔总是会显得兴高采烈。他写道："法国通过这场大革命的涤荡，脱去了许多旧的制度。而那些制度是人类精神掉在背后的孩提时代的敝履，曾经重压过它（指法国），就如同现在还在重压着其他各个国家一样。"正是在那些充满了希望的，年轻气盛而又风华正茂的日子中，黑格尔像费希特一样，也曾经亲近过一阵像某种贵族式的社会主义，并且以他特有的热情投入到了当时席卷了整个欧洲的浪漫潮流之中。

在 1793 年，就在法国大革命如火如荼地进行着的时候，黑格尔经过了两年的神学和三年的哲学的学习，他顺利完成了学业，并且以全校第四名的成绩从图宾根神学院毕业了。在黑格尔的毕业文凭上，写着这样的评语：中等身材，沉默寡言，不擅长言辞；天赋高，判断力和记忆力强，文字通顺，但有时不是很用功；作风正派；体质一般，身体状况不佳。在神学上的成绩良好，虽然在讲道的时候充满了热情，不过看起来不是一名优秀的传教士；语言知识很丰富，对哲学的学习也很努力。

黑格尔毕业以后，不知道是由于什么原因，他并没有去当一名牧师，而是来到了卢梭的故乡瑞士，并在那里当了一名家庭教师。或许确实就在他的文凭上面所说的那样，黑格尔由于口才不佳，所以并不具备成为一名优秀牧师的条件。

虽然黑格尔告别了大学校园的生活，但是他的内心深处却仍然燃烧着像火一样的激情。在黑格尔的脑海里面，始终萦绕着他和同学们在分别的时候，相互勉励的一句话："上帝之国"。这句口号的含意是显而易见的，那就是他们对终极理想的炽热向往以及热烈追求。后来，黑格尔在一封写给好友荷尔德林的信中，他对这个口号作了这样的解释。他说，那是对真理和自由的毫无保留的一种献身，是对禁锢思想戒律永远不会妥协的一句誓言。

几乎可以说，启蒙运动已经给这颗年轻的心灵注入了最初的火种，而法国大革命则使黑格尔心中那最初的火种开始了熊熊燃烧起来。正是由于这样的力量，才激励着他不懈努力，探索和追求新的真理，也成为了他最后勇攀奥林匹斯山的力量的源泉。

寻找理想的目标

　　符腾堡神学家基本上都来自于神学院，他们通过候选之后，经过代理职务，然后到牧师的职位。但是像这样的一个目标对黑格尔来说，却并没有什么诱人的地方，因为黑格尔的思维方式虽然富有哲学精神，但是却缺乏牧师的激情，而且他也缺乏牧师的口才。因此，黑格尔决定放弃神学，选择哲学。

　　在当时的环境下，谢林和黑格尔都不约而同的将社会改革的希望寄托在哲学上。1795 年 1 月 6 日，谢林给黑格尔寄了一封信，信中他说到："老天现在送给我们一个大荒之年，很多陈年的荒草都一齐冒了出来，那么由谁来除草呢？我们都将希望寄托给了哲学啊。"

　　大学毕业以后，黑格尔在斯图加特的友人的介绍下，启程向南去了瑞士伯尔尼，并在伯尔尼的贵族，大咨议局议会成员卡尔·弗里德里希·封·施泰格尔的家里担任家庭教师。

　　施泰格尔的家在楚格，所以黑格尔在一张由伯尔尼政府填发给他的旅行护照中，被称为"亲爱的和忠诚的公民楚格的施泰格尔的孩子的家庭教师"。

　　1797 年，黑格尔从瑞士来到了美丽的莱茵河畔的法兰克福担任家庭教师。对黑格尔来说，这项为了生计而做的工作并不需要他花费太多的时间和精力，所以，这也正好为他埋头读书，进行思考和写作提供了条件。

由于黑格尔是从神学院毕业的，所以，在最开始，他思考的问题都集中在了宗教领域方面。黑格尔把理性宗教、民众宗教和传统的宗教权威对立了起来，并指出教会和专制政治都是一样的狼狈为奸，而传统的教会体系完全就是一个没有把人当成人的体系。不久以后，黑格尔又对政治经济学产生了浓厚的兴趣。他在研读英国经济学家们的著作的时候，开始对财产问题进行思考，并推断说社会冲突的根源在于财产。在哲学方面，黑格尔也日益加深了对康德的作品的理解。黑格尔在写给朋友的信中是这样说的："我从非常丰富的康德思想体系中，期待着能够在德意志大地上出现一场巨大的革命。"

或许黑格尔从来就没有想到过，最终撷取康德发起的这场哲学革命的果实将落到他的头上。但是，此时，黑格尔已经看到了将康德哲学的必然发展展现在人们面前的情景：很多人都会为他的这个必然的结论感到大吃一惊，哲学把人的地位抬举得这么高，使得人们都不得不仰望，而且感到头晕目眩。为什么直到现在，在这么晚的时候，人的尊严才受到了尊重？为什么直到现在，在这么晚的时候，人的自由的禀赋才得到了承认？黑格尔认为，对人类本身的肯定是非常值得尊重的，也是这个时代的最好的标志，它说明了那存在于压迫者和人间上帝的头上的灵光已经消失了。

这个时候，谢林——黑格尔的才华横溢的同学，已经是耶那大学新思潮中的领袖了，已经是"清除陈腐主义"的一面旗帜了。在谢林的课堂上，学生们把他围得水泄不通。看见谢林取得了这样巨大的成功，黑格尔却显得不急不躁，他只是默默无闻地沿着自己的道路在前进着。虽然黑格尔觉得自己缺少书籍和知识，而且他的时间也很有限，但是，他仍然没有办法把在头脑中萦绕着的那些观念全部系统地表现出来。但是，此时此刻，黑格尔对于成功的信念却是坚定不移的。他说："我坚信，只有通过不断的努力，并且从各个方面都进行探索，那么总有一天我会得到有分量的成果的，我相信有志者事竟成。"有的时候，黑格尔还用谢林的口号来

对自己进行勉励："我们决不甘落后！"

黑格尔所做的并不仅仅是满足于人类低级需要的科学教育，而是在攀登着科学的高峰，并在努力把青年时代的理想转变成反思的形式，也就是要转化成为一个科学的体系。黑格尔深深地知道，要营造这样一个体系是很艰巨而且严肃的，而他为了这个理想也甘于寂寞。随着新哲学体系的轮廓日益变得明朗，黑格尔也喜不自禁：上帝之国来临了，让我们抓紧时间工作吧！

大器晚成的人

到了而立之年的时候，黑格尔的命运出现了转机。此时，黑格尔的父亲已经去世了，黑格尔得到了一笔不大不小的遗产，大约有 3000 古尔盾。有了这笔钱以后，黑格尔就觉得自己已经富有了，他不需要再去为生计而奔波了。于是，黑格尔决定要过一种悠闲享受的绅士生活，他需要到一个有好书和上等啤酒的地方去定居。而耶拿是普鲁士的一个大学生，也是普鲁士大学城中思想最为活跃的一个。在黑格尔到来之前，德国的一批才华出众的优秀的年轻知识分子就聚集在这里，其中包括他的好友谢林。这些人在一起讲授哲学、历史，传播法国的新的思想文化观念。在一时之间，耶拿竟然成为了德国文化复兴和自由思想的中心。于是，黑格尔就选择了耶拿。

1801 年 1 月，黑格尔来到了耶拿。8 月 31 日是黑格尔 31 岁的生日，这一天，黑格尔成功地通过了答辩，取得了授课资格，并且成为了耶拿大学的一名编外讲师。所谓的编外讲师，就是指具有开课资格，但是还不能够领取薪俸，只能够从听课的学生们那里收取一点听课费，所以黑格尔必须另外寻找财路补充生活的费用。但是，黑格尔刚登上大学的讲坛时，他并不成功。在第一学期里，选修他的课的学生只有 11 个人，就是到了后来，他的学生也难得超过 30 人。当然，这与他的风度和口才都不怎么出众，尤其不善于深入浅出地对那些艰深的哲学问题进行讲解有关。人们是这样形容他的：他呆坐在讲台的前面，看起来就像呆坐在自家的写字台前一样：他翻着讲义，寻找着要讲的段落，一会儿吸吸鼻咽，一会儿又打喷嚏，一会儿又咳嗽。他讲课的时候语调低沉，而且似乎很费力，他总是需要字斟句酌。所以，不久后，学生们就送给了他一个绰号，叫他"木头人黑格尔"。不过，选修黑格尔的课程的学生几乎都是他的知音。这些学生对他的评价与其他人对黑格尔的评价完全不一样。他们理解黑格尔思辨智慧的深奥之处，在他们的心目中，黑格尔简直就是一位圣哲，而其他人和他相比较起来都显得黯然失色。所以，他们崇拜黑格尔，几乎就把他视作真理的化身。

黑格尔经常陷入到一种忘我沉思的境界之中，在这个时候，他便会进入到一种超脱而安宁的境界里。有一次，黑格尔竟然心不在焉地提前了一个小时进了课堂。可是，坐在下面听他讲课的却是另外一个班的学生，黑格尔却浑然不觉。有的学生暗示他弄错了，他也视而不见。等到一个小时以后，他自己的学生来到了教室的门口，才知道他们的老师搞错了，并且好奇地看着黑格尔究竟如何收场。

对黑格尔来说，他自然有着独特的睿智，能够帮助他摆脱这种尴尬的局面。当时，黑格尔说："各位，感官的可靠性是不是真的很可靠哦，首先要取决于自身的意识经验。我们一直都以为感官是可靠，但是本人却在一个小时前对此有了一次特别的经验。"说完以后，他的嘴角就掠过了一丝微笑，然后一切又照常在进行之中。有的学生曾经这样描绘过黑格尔的形象："容貌端庄……一双大眼睛闪烁不定，可以看出他是一个性格内向的思想家，他的那种眼光看上去让人生畏，让人想对他敬而远之。可是他说话却很和气，待人也很友善，这又使人愿意与他接近。他的微笑是富有个性的，他在微笑的时候，能在他的善意中看出一些锋利、尖刻和讥讽的味道，这是他那具有深邃内心世界的一种表征。"

在耶拿的时候，黑格尔除了讲学，然后就是专注于写后来使他一举成名的大作《精神现象学》。就在《精神现象学》将要完稿的时候，却风云突变，哲学家宁静的思考被打断了。1806 年 10 月 30 日，拿破仑率领大军占领了耶拿。面对着一拨又一拨粗野的士兵，黑格尔很担忧，他把没有完成的书稿塞进了衣袋里，然后走上了街头，并继续着他没有完成的思考。最后，黑格尔就是在战乱的街头上完成他的哲学名著《精神现象学》。

在战乱过后，黑格尔的家里已经被洗劫一空了，可是，哲学家有他自己那一套独特的思维方式。在黑格尔的眼里，虽然拿破仑占领了他的家乡，是他的"敌人"，可是黑格尔却对他充满了崇敬之情。在那一天，身材矮小的拿破仑骑着高头大马，趾高气扬地从黑格尔和其它班贝格市民的面前经过的时候，黑格尔正站在街边的角落里，他看着拿破仑，发出了这样的一句感慨："做人当如拿破仑！"

黑格尔完全抛开个人的甚至国家目前遭受到的战乱的痛苦，他从世界历史发展的高度，对这一事件的意义作了重新的评价。拿破仑继承了法国大革命的事业，承担起了摧毁旧秩序，为法国开辟出一条新道路的历史使命。黑格尔在写给朋友的一封信中，喜不自禁地讲述了他亲眼看见拿破仑时的心情："我看见拿破仑皇帝——这位世界精神的领袖——他骑着马在全城巡逻。我看见了他，他掌握着世界，主宰着世界，而现在，他就在我的眼前，他就在马上，他让人产生了一种奇异的感觉。"对黑格尔来说，人类历史就是"世界精神"演进的历史，也是人类自由的发展史。在"世界精神"的不同阶段里有不同的民族作为承担者和体现者，而"世界精神"的发展往往是通过战争来实现的。所以，黑格尔的历史哲学对战争是颂扬的。当 20 世纪时，人们饱受了德国人发动的战争之苦时，黑格尔正因为他的这些思想而受到了许多人的唾骂。

在黑格尔的历史哲学中，"世界精神"是一个核心的概念。"世界精神"就和自然界中的太阳一样，首先在东方初露出了曙光，然后从东向西

运行。他依次经过了中国、印度、波斯、埃及、希腊、罗马等国，然后停止在了日耳曼民族这里。当黑格尔看见拿破仑的那个时刻，在他眼前呈现出来的无疑是一幅"马背上的世界精神"的生动景象。

黄金时期

有一位名叫罗森克朗茨的思想家说过这样的一句话："一位哲学家的历史就是他的思想的历史，是他的体系发生和形成的历史。"如果用这句话来形容黑格尔的一生的话，那是非常恰当的。和其他的哲学家比较起来，黑格尔属于大器晚成的那一类。黑格尔足足用了 15 年的时间，才攀登上了哲学的高峰，随后，黑格尔的哲学就超过了谢林的哲学，并且浩浩荡荡地一泻千里，然后在哲学领域中占据了一席之地。

1807 年，黑格尔的第一部成熟的哲学著作《精神现象学》出版了，这部作品的出版标志着黑格尔哲学正式登上了历史的舞台。在这部作品的序言中，黑格尔非常含蓄地对谢林提出了批评，从此以后，谢林和黑格尔，这两个青年时代曾经在一起信誓旦旦，要在一条共同的道路上携手前进的朋友，终于分道扬镳了。是的，黑格尔现在正如日中天，他的光芒已经完全遮掩了英年早露的谢林那微弱的星光。

但是，在学术上的成就并没有马上就给黑格尔的生活带来太大的变化。在这一年的 3 月，黑格尔放弃了大学教授的职位，他来到了班堡，进了一家日报做编辑。虽然黑格尔做事很谨慎，但是他仍然在无关紧要的地方得罪了当局。于是，他很快就对办报失去了兴趣，并且希望能够尽快摆脱这个苦差事。于是，在 1808 年的年底，黑格尔去了纽伦堡的一所文科中学当校长。这所中学的教学以古典文化教育为主，这正好迎和了黑格尔的

爱好和特长。在中学校长的职位上，黑格尔一干就是 8 年。不过，他并没有安心于这个清贫的职位，他一直都在寻找机会重新返回大学的讲坛。这个时候，黑格尔的个人生活也发生了一场重大的变化，并使得他重返大学讲坛的要求显得更为迫切了。

黑格尔不仅仅作为一名学者成熟得晚，而且作为一个人，他也成熟得很晚。黑格尔在 40 岁的时候，他感到生活的孤独和寂寞，觉得自己需要有一位伴侣，需要有一个温馨的家庭。不久后，他喜欢上了一个比自己小 20 岁的富有教养的年轻女子，这个女性名叫玛丽·封·图契尔小姐，她出身在纽伦堡的一个有名的贵族家庭里。黑格尔的才华、丰富的学识，以及他那丰富的阅历，也同样倾倒了玛丽，并且答允了黑格尔的求婚。可是，玛丽的父母却看不起黑格尔，此时的他只不过是一名清贫的中学校长，他们希望自己的女儿能够嫁给一个大学教授。不过，对黑格尔来说，要成为一名大学教授并不是一件什么难的事情，于是，他竭尽全力地向玛丽的父母证明大学教授的职位对他来说指日可待。就这样，在 1811 年 9 月，黑格尔和玛丽终成眷属。

结婚以后，黑格尔亲自主持家政，他心甘情愿地操持家中的柴米油盐这样的琐碎事情。并且在黑格尔的安排下，他的家庭生活也如同他的哲学体系一样，显得有条不紊。很显然，黑格尔对管理家务是乐此不疲的。在黑格尔写给好友的一封信中，他是这样说的："我实现了自己的尘世的夙愿：第一有一份公职，第二有一位爱妻，人生在世，我还有别的什么要求的呢？"

在结婚以后，繁琐的家庭生活并没有妨碍黑格尔对哲学体系的思考。相反，爱情和温馨的家庭生活更加激发了他在哲学上的灵感，并且使他进入到了一种超常发挥的状态之中。黑格尔自己也曾经很得意的说，在结婚后的半年的时间里，他就写出了一本有 30 个印张、内容最为深奥的书，这实在是非同小可的。这本书就是《大逻辑》。

在《精神现象学》和《大逻辑》相继问世以后，黑格尔已经是一位声名远播的大学者了。这个时候对黑格尔来说，正是重新回到大学讲坛上的大好机会，但是在耶拿的时候，关于他讲课"才能"的口碑却一直成为了他重返大学讲坛的一道障碍。但是黑格尔一再声明说，经过长时间的中学教学的锻炼，他讲课的水平已经有了很大的提高。同时，还有一位曾经专程拜访过他的学者也为他作证明说，他能够非常清晰流畅地把自己的思想表达出来，并且相信他在课堂上也具有这样的才能。于是，在1816年的秋季，黑格尔终于获得了他梦寐以求的海德堡大学的教授头衔。

在海德堡大学里，黑格尔凭借自己渊博的学识，赢得了人们对他的尊重，同时，他也以其怪异的行为方式，成为了学生们的谈笑资料。曾经有一些这样的传说。据说有一次，黑格尔陷入了深深的思考之中，他在一个地方站了一天一夜，丝毫也没有动弹。另外还有一次，他独自一边漫步一边沉思，忽然天下起了雨，他的一只鞋子陷进了烂泥中，可是他并没有发觉，仍然在继续往前走，并且一只脚穿着鞋，另外一只脚上只有袜子。另外还有很多和黑格尔有关的传说，简直多得不胜枚举。所以，通过这些传说，我们可以这样认为，黑格尔这个有血有肉的个体已经"异化"成为了他的哲学体系中的一部分了，他和他的哲学体系都已经融合为一体了。黑格尔的哲学体系就是在这种长年累月的思考过程中日渐成熟并且完善起来的。

在1817年的时候，《哲学全书》出版了。这部作品的问世，使得黑格尔的哲学第一次以一种完整的体系清楚地呈现在世人的面前。在这个庞大的体系中，包括了逻辑学、自然哲学和精神哲学这三个部分。在那个时代中，哲学被认为是科学的科学，哲学家们都梦想着能够建立起一个无所不包的哲学体系。但是在事实上，在西方哲学史上，还没有人能够像黑格尔那样，以这样严整的形式和如此巨大的规模，将自己的哲学体系完完整整地展示给世人。

　　经过了 20 多年的冥思苦想之后，黑格尔终于把自己苦心经营的一个巨大思想宝库奉献给了全人类。人们都赞叹它的丰富和伟大，并且都为营造者那思辨的智慧所倾倒，但是，也有的人嘲笑它沉闷呆板，牵强附会，以及妄自尊大，试图对一切进行解释。

思想的巅峰

随着黑格尔在哲学上取得的成就越来越大，他的社会声望也在不断地攀升。在1818年，黑格尔接受了普鲁士当局的邀请，他成为了一名柏林大学哲学系的教授。当时，柏林是德国最大的一个城邦的首都，也是德意志的文明中心。在柏林有科学院、剧院、博物院和图书馆，还有无数的读者。毫无疑问，柏林将会对已经成名的黑格尔产生更大的影响。

在柏林的这段时期里，黑格尔成为了德国哲学界中的一方霸主，同时也是普鲁士国家的宠儿。黑格尔的哲学的影响力已经超越了国界，并且享誉于欧洲。在柏林大学里，他教授法哲学、宗教哲学、哲学史、艺术哲，学等，他的学生们来自四面八方。黑格尔深受学生们的敬重。黑格尔在讲义的基础上，出版了一套相应的专门的著作，并且在一些领域中深入地对自己的思想作了阐述，对他的哲学体系进行了拓展。

在学术成就方面，此时此刻，黑格尔已经登上了德国文化的奥林匹斯山峰。在1829年，黑格尔又当选为柏林大学的校长。与此同时，他还兼任了政府在学校里的全权代表，向学生和教师们表明政府，甚至连保安机关都完全信任他。

由于柏林大学是普鲁士国家的大学，这所大学中的教授都是领取国家薪俸的官员。所以，黑格尔实际上是在为普鲁士国家服务的。在现实

生活中，他确实也是在忠实地为这个国家效力。当时，普鲁士当局面临着大学风潮，他们之所以要黑格尔来这里教书，就是为了让他能够教导学生合理地、有条不紊地进行思维，以此来消弭学生们的过激思想和行为。当然，黑格尔领悟了当局的意图，并且声称要以哲学为国服务。当学生们和进步教师发起了反专制的运动时，黑格尔却激烈地反对他们的那些"过激"的行为。在黑格尔任职期间里，柏林大学里没有出现过一起骚乱事件。

黑格尔不仅仅是名义上的国家官员，即使在思想和学术上，他也是专制统治的忠实维护者。他在《法哲学原理》这部作品的导言中，就很堂而皇之地写了这样的一句名言："合乎理性的就是现实的，现实的就是合乎理性的。"没错，他说的这句话并不是像许多人望文生义理解的那样，把现存的一切都说成是合理的。在黑格尔看来，"合乎理性的"与"合理的"是不同的，而"现实的"也不等于就是"现存的"。但是，这个命题毕竟是保守的，很容易用来为现实进行辩护。

当然，此时的黑格尔已经老了，他的思想也逐渐失去了锐气。在晚年的时候，黑格尔已经对拿破仑感到了失望，他对法国大革命的热情也已经逐渐消退了。而黑格尔的身上，德国人的民族主义情绪和整体主义精神却越来越浓重。不过，研究黑格尔的人们经常都会发现一些新的材料，这些材料都表明了在迟暮之年的黑格尔还存在着他的另外的一面。当他的哲学笔记在前些年被人发现了以后，人们发现，这些哲学笔记中的内容和黑格尔公开出版的那些著作不同，人们从这些笔记中可以看见一个进步的黑格尔，甚至是革命的黑格尔。传记作家们还谈到，在一年夏季的一天，黑格尔请来了朋友，并且让人拿来了一瓶香槟酒，他说是为了庆祝，今天要把这瓶香槟酒干掉。当时，朋友们都没有听明白，不懂他说的是什么意思。这是一个什么样的日子值得庆祝呢。朋友们也想不出会有什么人物是那一天的诞辰，似乎那一天并没有什么特别的。就在这时，黑格尔又开口了，他说，今天是 7 月 14 日，为了纪念攻破巴士底狱干掉这一杯。原来，这位普鲁士的官方哲学家每年都要庆祝法国大革命。看来，黑格尔的哲学研究事物的矛盾，其实他自己身上就集中着各种各样的矛盾。

1830 年，黑格尔 60 岁的大寿。由于他备受尊崇，所以学生们为他制作了一枚纪念章。在纪念章的正面铸着黑格尔的头像，纪念章的背面是一幅画：画的正中是一位守护神，守护神的右侧是一位女性，这名女性手中拿着十字架；守护神的左侧是一位埋头读书的老学究，他的头顶上方有一只象征着智慧的猫头鹰，寓意着信仰和智慧的结合。可是，在一年后，即1831 年，他的生日却过得很冷清。因为在这一年里，城中发生了霍乱，为

黑格尔雕像

了躲避灾祸，很多人都远远离开了柏林。在生日的那天，黑格尔和几位前去道贺的友人在柏林郊外坐下来，准备喝上一杯香槟酒。就在这个时候，一场暴雨突然袭来了，结果大家都扫兴而归。这个扫兴的生日似乎预示着一个不祥的结局。结果，在这一年的 11 月 13 日的早晨，黑格尔就开始发病，晚上就与世长辞了。黑格尔那颗人类最丰富、最深奥的大脑，从此就停止了思考。

对于黑格尔，与之同代的人对他有褒有贬。有的人批评他说："黑格尔的哲学毒菌不是生长在科学的花园里，而是生长在阿谀奉迎的粪堆上"，说他是"托庇于狱吏的预言家"。狂傲的叔本华曾经在柏林大学和黑格尔同时开课，彼此为了听众而竞争，最后，以叔本华的失败而收场。当时，选听叔本华的课程的学生只有一两个人，最多的时候也没有超过三个人。所以，叔本华对黑格尔显得忿忿不平，并咒骂黑格尔是一个江湖骗子，叔本华说："总的说来，在黑格尔的哲学思想中，有 3/4 都是在胡说八道，还有 1/4 是陈词滥调，他以讲一些故弄玄虚的让人听不懂的东西来蒙骗听众，以奴颜卑骨的态度和正统观念来获得王侯们的青睐"。同时，另外的一些人却对他推崇备至，就像海德堡大学的神学教授道布，他就曾经为黑格尔的成就所倾倒。他比黑格尔大 5 岁，早在 1795 年的时候就成为了教授了。他说，黑格尔的《法哲学原理》第 140 节的那一条注释，就使他自己的全部著作都不必再阅读了。在他的眼里，黑格尔的论述实在是太犀利、太隽永了，简直是洞穿肺腑，烛照灵魂。

黑格尔认为自己对前人的理论思维的全部发展过程，作了合乎规律的继承，并且进行了总结。在黑格尔的心目中，哲学科学的道路是一个不断趋向于真理的紧张的过程，而他最终在自己的思想体系中达到了这个目标。在他这里，绝对精神回归到了自身。今天，我们把"顶峰"和"绝对真理"之类的说法当成是一种浅薄和狂妄，但是黑格尔却天真地认为，他的体系就是最终的真理。是非成败自然会有后人的评说。不过，在另一方面，黑格尔也有自己的烦恼。据说他在生前曾经这么说过："只有一个人理解我。"这个理解他的人就是他的一个高材生罗森克朗茨。但是，紧接着，黑格尔又心烦意乱地补充了一句话："不过，就连他也并不真正地理解我。"

七、共产主义的创始人
——马克思

　　在英国伦敦的海格特公墓里面，有一块让全世界的人都为之瞩目的墓地。在这块墓地中，安静地卧着全世界无产阶级的革命导师，科学社会主义的创始人卡尔·马克思。马克思的思想和行动曾经使得全世界为之震撼，同时也深刻地对全世界产生了影响。

　　在19世纪的50和60年代里，在英国伦敦的大英图书馆中，人们总是能看见一位特殊的读者，在每天上午10点钟的钟声刚刚敲响的时候，他就会准时来到达这里，然后马上开始伏案工作，直至晚上图书馆闭馆的时候，他才会离开。因为他多年如一日，每天都在这里埋头工作，所以就连图书馆的工作人员都很熟悉这位著名的德国学者了，还总是特意为他保留着他经常坐的那个座位，这个座位的编号是CNO.7。当他在图书馆里面读书的时候，每当他读到兴奋之处，一时高兴，他就会情不自禁地用脚在地板上来来回回地摩擦，这样在经年累月之后，他经常坐的座位下面的地板竟然被他磨掉了一层，并且留下了明显的痕迹。

　　马克思最喜欢说的一句话就是"为人类工作"。在他的一生之中，他始终把"为人类服务"看成是自己一生的工作宗旨。为了探求真理，他克服了在生活上的各种各样的困难，甚至还不惜牺牲自己的健康，并且最后献出了自己的生命。在马克思的一生中，他从来没有放下过手中那无情的批判的武器，他始终都在用科学的理论为人民大众指引一条前进的方向。他集毕生所学创立了科学共产主义，他是人类最伟大的一名科学巨匠。卡尔·马克思是一个伟大的人，他是人类智慧的集大成者。

美好的童年

在 1818 年的 5 月初，摩塞尔河谷中呈现出了一派春末夏初的美景。在这里，樱桃花刚刚凋谢了，翠绿的柳芽和粉红色的桃花已经长满了枝头，醉人的暖风轻柔地吹拂着山梁和水面，抚摸着充满了生命绿意的原野。就在这个充满了盎然生机的季节里，一个小生命在特利尔诞生了。

1818 年 5 月 7 日，特利尔高等上诉法院律师亨利希·马克思向特利尔民政事务的官员申报了一名男婴，这个婴儿是在 5 月 5 日凌晨 2 点出生的，出生于特利尔律师亨利希·马克思先生及其妻子罕丽达·普勒斯堡的家中，他们给这个孩子取名为卡尔。

特利尔位于德国南部的莱因省，是一座小城。这座小城四面都被群山环抱着，在山坡上有郁郁葱葱的森林，显得幽深而静谧。特利尔也是一座历史文化名城，在古罗马时期，这个地方就有着相当重要的作用。在进入了中世纪以后，特利尔又成为了教会大公国的首府，所以，在这座小城中遗留下了众多的文物古迹。这里有古罗马时代的城堡和王宫的遗址，有巍峨壮观的大教堂，有气势恢弘的涅格拉门。另外，在特利尔还有一些历史久远的图书馆，图书馆中收藏着丰富的历史典籍、各种各样的文物珍品，以及大量的图书资料。美丽的特利尔城还充满了浓郁的民族文化气息。在德国，特利尔是为数不多的既保存了辉煌的历史，又可以公开展示自由派观点的城市之一。而在卡尔·马克思出生的那个年代里，莱因省又是德国经济和政治最发达的地区，这使得特利尔城更成为人们关注的中心。

卡尔·马克思的家庭虽然属于市民阶层，但是却充满了启蒙精神，而且是一个富裕文明之家。在马克思的家族中，有着纯粹的犹太血统，这在当时也是很少见的。马克思的父亲亨利希·马克思是特利尔城中的一位著名的律师。亨利希的一生都勤奋好学，并且拥有渊博的知识，他喜欢阅读古典文学名著，有着很高的文学修养，尤其喜欢阅读德国著名作家席勒的作品，以及歌德和英国剧作家莎士比亚的作品。亨利希还喜欢对哲学和政治学方面的问题进行研究与探讨，并且对法国启蒙思想家卢梭、伏尔泰等人也推崇备至，对他们的思想和学说也很精通。

在实际生活中，马克思和他的父亲不仅仅是父子关系，两人之间还存在一种远远超越了父子之情的深厚友情。亨利希把儿子看成是自己"生命中最强的杠杆"，并且对儿子寄予了无限的厚望；马克思也对父亲充满了尊敬和热爱之情，并把"具有纯洁品格和出众法学才能"的慈父视为自己的挚友。不管怎么说，父亲对幼年时期的马克思产生了非常深刻的影响。

马克思的母亲罕丽达·普勒斯堡是一名荷兰犹太人。她的一生都在辛勤地操持家务，含辛茹苦地养育着自己的9个儿女。但是，由于在文化素养等方面的限制，她的精神世界是相当狭窄的，她并不能够充分理解马克思从事的工作的重大意义，她总是希望儿子能够从事一种比较稳定的并且有可靠的经济收入的职业。总之，她是一位慈祥善良的普通家庭妇女。

在家里，马克思有3个兄弟和5个姐妹，他本人则排行第三。在他的上面，有哥哥莫里茨·达维德和姐姐索菲亚。但是，由于达维德在4岁那年就夭折了，所以，马克思就成了家中的长子。

从童年的时候开始，马克思在他的兄弟姐妹们中就显得与众不同。在兄弟姐妹中，他的身体是最健壮的，他的肩膀宽厚、他的四肢粗壮有力；他的性格十分活泼，他的精力充沛而旺盛。另外，马克思的天赋和领悟能力也相当高。所以，父母都对马克思寄予了厚望，并且把他看成是家庭的

特里尔马克思故居

骄傲。

马克思并没有进过小学，他的小学课程全部是在父亲和母亲的指导下完成的。父亲那严谨的态度以及丰富的学识，给子女们的学业打下了坚实的基础。由于没有经历过普鲁士小学中那刻板严酷的教育方式，所以马克思的个性在这个时期中得到了最大限度的发展。这个时候，他精力过剩，活泼好动，户外活动几乎就是他童年生活中的重要内容。由于他生来就强壮有力，再加上他对自己学过的知识都能够灵活运用，而且他还拥有丰富的想象力和组织才能，所以在孩子们中间，他深受喜欢和拥戴，于是很自然地就成为了孩子们中的领袖。

在马克思的带领下，他的弟弟妹妹，以及其他的邻居家的小伙伴们，经常在家附近的广场和花园里尽情地奔跑和玩耍。有的时候，他会在附近的小山上悠闲地散步；有的时候，他会"强迫"他们吃他亲手做的不太可口的点心。在他的性格中，有一种豪爽而又爱嘲弄人的特征，所以，这使得小伙伴们既喜欢和他在一起，但是又害怕和他在一起。他们之所以喜欢和他在一起，是因为只要有他在的时候，他们的游戏总是能够花样翻新，大家都会玩得很开心；他们害怕和他在一起，是因为他随时随地都有可能狠狠地嘲弄他们。

在这个时期，除了来自父亲的影响之外，另外还有一个人也对马克思产生了重大的影响，这个人就是马克思一家的邻居路德维希·冯·威斯特华伦男爵。这位男爵受过良好的高等教育，拥有自由主义思想倾向，是一位开明的知识分子。正是由于这一点，所以，男爵和同样开明的亨利希·马克思结成了莫逆之交。威斯特华伦的知识和见闻都十分广博，能够流利地讲英语、法语、西班牙语、希腊语和拉丁语，还熟读过启蒙思想家们的著作。但是，威斯特华伦最钟爱的还是文学，他喜欢荷马和莎士比亚等世界文学大家的作品，并且能够整篇整篇地背诵《伊利亚特》、《奥德赛》，以及莎士比亚作品中的诗篇和剧中人物的独白。

在假日中，威斯特华伦经常给孩子们朗读一些经典文学作品。他那时而优雅动人，时而又高亢激越的朗诵声，把孩子们深深地吸引住了，并把孩子们带进了一个五彩缤纷的世界中去，让孩子们领略到了文学名著产生出来的巨大的震撼力量和美妙神韵。每每在这个时候，威斯特华伦的两位最忠实的听众就是卡尔·马克思和他的爱女燕妮。这时，虽然马克思和燕妮的年龄都还小，还不能够领悟蕴涵在作品中的含义，但是，荷马史诗中的英雄形象和莎士比亚笔下那些栩栩如生的人物造型，都给他们留下了难以磨灭的印象。这时候，威斯特华伦已经成为了马克思的崇拜的偶像，马克思还把他当成是自己的第二个父亲。男爵的理想主义和浪漫主义精神，

以及他对真理和进步的深刻向往和追求，都对马克思产生了非常深刻的影响，以至马克思在大学毕业后写下的博士论文就是献给男爵的。

马克思在他的论文的引言中，怀着一种深沉的感情说："我希望所有怀疑理念的人都能够像我一样，幸运地颂扬一位充满了青春活力的老人，这位老人用真理固有的热情和严肃性来欢迎时代的每一个进步；他深怀着令人坚信不疑的、光明灿烂的理想主义，只有这种理想主义才知道那能唤起世界上所有心灵的真理。他从来不在倒退着的幽灵投下的阴影面前畏缩，也不被时代上空常见的浓密云雾所吓倒。相反，他永远以神一般的精力和刚毅坚定的目光，透过所有的风云变幻，看到那在世人心中燃烧着的九重天。您，我的父亲一样的朋友，对于我永远是一个活生生的证据，证明理想主义并不是幻想，而是真理！"

宏伟志愿

在 1830 年的时候，马克思 12 岁了。在这一年里，他被父亲送进了特利尔中学里读书，接受正规的学校教育。在当时，特利尔中学是普鲁士莱茵省的一所很有名的学校。那个时候，学校里正盛行着一种自由主义的启蒙精神。在学校中有许多优秀的教师，他们都以自由主义的理性精神来倡导学校教育，并坚持学校教育要促进学生的身心发展，倡导政治上和思想上的自由。尤其是在维登巴赫当上了这所学校的校长以后，他极力主张把教育建立在理性主义的原则之上，用理性主义和自由主义来办学，并教育青年对进步和高尚的品德要有崇高的追求。

在特利尔中学里，马克思度过了 5 年的时光。学习生活虽然艰苦，但是很充实。由于马克思品学兼优，而且为人善良正直，所以深得老师们的钟爱，老师们都纷纷主动给他各种各样的帮助。事实上，马克思也没有辜负师长们对他的殷切期望，他全身心地投入到了学习和各种有益的社会活动之中。马克思对文化课程的学习十分重视，他不仅在上课的时候认真听讲，而且在课后还会孜孜不倦地进行钻研，他还充分利用各种各样的机会扩大自己的知识面，广泛浏览各种世界名著。他除了重视文化课的学习，还积极参加体育锻炼。后来，马克思之所以能够在艰苦卓绝的环境中努力工作，也是得益于此。

在特利尔中学读书的时候，马克思每天在上学途中都会经过挤满了逃

难农民的中心广场以及城中的贫民区。广大工农群众的悲惨境遇同富人们的奢侈豪华、纸醉金迷的腐朽生活，形成了鲜明的对照。这一切都经常令年轻的马克思感慨万千。随着年龄的增长，学识的丰富，在特利尔中学读书的最后一年中，马克思开始经常思考这样一个问题：人为什么活着？生命的意义是什么？这是两个既简单又十分严肃的现实问题。

在毕业来临之前，面对就业和升学，同学们都在考虑自己未来的前途。有的人想去当科学家或者艺术家，在这些领域中独领风骚；有的人想做官，在官场中博取功名利禄；有的人想经商，在商场上赚取豪华奢侈生活的资本。所以，他们在选择职业的时候，都是从自己的私利出发，把谋求自己一人的幸福作为目标和选择职业的标准。然而，马克思和同学们的看法却完全不一样。当时，他虽然没有考虑好自己到底要选择什么样的职业，不过，按照他自己的理想和抱负，他已经为自己将来的职业确定了一个崇高的目标，那就是他要为全人类服务。他的这一观点在其毕业论文《青年在选择职业时的考虑》中作了充分的阐释。

在这篇论文中，马克思首先表达了这样一种观点：人和动物是完全不相同的，动物只能够依赖环境；但是人却不完全依赖于环境，人可以主动改变环境、驾驭环境，有选择和创造自己命运的自由。在选择职业方面也是一样的。同时，马克思又指出，人并不能够随心所欲地选择自己的职业，因为"我们在社会上的种种关系，还在我们能对它们发生决定性影响之前，就多少已经确定了"。总之，在选择职业的时候，马克思既反对像动物一样服从于客观环境，也反对仅仅从个人的私欲出发只考虑如何满足自己个人的愿望。

于是，经过了一番深思熟虑之后，马克思在论文中明确表达了自己在选择职业时与众不同的崇高志向。他在论文中写道："在选择职业的时候，我们应该遵循的主要原则是人类的幸福和我们自身的完美。……人们只有为同时代人的完美和幸福而工作，才能够使自己也达到完美的境界。……

如果我们选择了最能够为人类幸福而劳动的职业，那么，我们就不会被重担压倒，因为这是为大家而献身。在那个时候，我们能感受到的就不是可怜的、有限的、自私的乐趣，我们的幸福将属于成百上千万的人，我们的事业将会默默地存在下去，并且会永恒地发挥着作用，当我们离开了人世以后，那些活着的高尚的人将在我们的骨灰上洒下他们的热泪。"从这些迸发着感情火花的语言词句中，我们能够感受到少年马克思那种远大的理想和抱负。他的这种理想和抱负虽然还不能够说是完全建立在科学信念的基础上的，但是也并不完全出自于纯粹的感情冲动。从此以后，马克思终生不渝的职业理想就是为人类的幸福而工作。

因为马克思热爱学习，而且善于学习，所以他在中学轻轻松松地完成了每一门课程，并获得了非常优异的成绩。在1835年的秋天，年仅17岁的马克思中学毕业了。

青梅竹马的爱情

在 1835 年 10 月，马克思中学毕业后就离开了家乡。他独自去了波恩大学。他遵从父亲的愿望，进入波恩大学中攻读法律。

在波恩大学里，马克思除了学习法律，还选修了希腊、罗马神话和艺术史等课程，并且逐渐培养起了自学的习惯。虽然马克思在波恩大学中只待了一年，但是，在这一年的生活却是浪漫的，而且丰富多彩，甚至还有些放纵。据说，马克思在 1836 年 6 月时，曾经因为夜间醉酒喧闹，受到了学校的处罚，被关了一天禁闭。后来，当同学们去探望他的时候，大家竟然又在禁闭室里面痛饮了起来。马克思的父亲对这种情况感到很担忧，所以，在第二学年中，马克思就转到了柏林大学里就读。

马克思在去柏林之前，回到家乡度过了 1836 年的暑假。在家乡，马克思和儿时的女友燕妮·冯·威斯特华伦小姐再次相逢了。这个时候，燕妮已经出落成了一个亭亭玉立的美丽大姑娘，她不仅相貌恬静妩媚，而且气质高雅、聪慧异常、谈吐不凡，在当地是被公认的"舞会皇后"和"特利尔最美丽的女子"。作为一名出身在贵族家庭中的名门闺秀，燕妮的身边自然不乏大批的爱慕者和追求者，其中很多人都拥有大笔的财富和很高的官阶地位。然而，燕妮对他们从来没有什么好感，此时此刻，她那颗高傲的心灵似乎已经有了归属。

当时，在许多人的眼中，马克思还是一个前程未卜的青年学生，但是在燕妮看来，情形却完全是另外一码事。马克思那非凡的天赋、超人的智慧，早就已经让燕妮为之倾倒。燕妮以一种女性特有的微妙感觉，敏感地意识到，这位年轻的学生迟早有一天会成就一番惊天动地的伟业的，而他就是燕妮苦苦等待的意中人。而马克思在波恩上学时，他的思乡之情也越来越强烈，在这份对家乡的思念中，自然也包含着对童年时期女友燕妮的思念，并且随着时间的推移，他发现，自己对燕妮的日思夜想实际上是一种炽热而浓烈的感情——爱情。

所以，在这个惬意的而又令人难忘的夏天里，马克思和燕妮经常躲开家人和亲友秘密约会。他们要么在寂静的田间小路上悠然地散步，要么在农田果园的空地上促膝而坐。随着交往、了解、交流的加深，两颗年轻的心越来越紧密地贴在一起了。

一天晚上，马克思紧紧握住燕妮的手，柔声地问她说："你愿意和我相爱吗，我们秘密地相爱？"

听了马克思的话，燕妮羞涩地点了点头。

于是，就在那个月光柔和而浪漫的仲夏之夜，两人在皎洁的月光下，秘密地海誓山盟。从此以后，这两个年轻人的心就紧紧地连在了一起，并且再也没有分开过。

不过，虽然马克思和燕妮是真心相爱的，但是在当时的世俗人的眼中，他们的爱情是不会有结果的。当燕妮的女友听说她和马克思约定了终身之后，就这样说："你真的要跟卡尔吗？"在他们的眼中，马克思只不过是一个普通律师的儿子，是一个生活没有保障的、前途未知的大学生而已。姑娘们议论着："要是我，早就离他远远的了，他没有官衔，也没有财富。"面对现实的环境和世俗的眼光，马克思和燕妮的相爱之路注定是不会平坦的，摆在他们面前的还有重重的考验和阻碍。

1837 年 3 月，马克思正式向燕妮的家人提出求婚。当时，在威斯特华伦的家里，这件事引起了一场轩然大波，燕妮也为此病倒在了床上。父母

见女儿为了纯真的爱情，竟然不惜牺牲自己的一切，最终在无可奈何之中，同意了他们的请求，但是，他们要求必须在马克思毕业以后才能够举行婚礼。虽然还要再等待漫长的 7 年时光，但是既然他们已经取得了初步的胜利，那么这漫长的等待又算什么呢。于是，在经历了重重的困难之后，他们终于在 1843 年结婚了。

结婚以后，燕妮的全部身心都倾注到了丈夫从事的事业中去。她和马克思相濡以沫、风雨同舟。他们的小女儿爱琳娜曾经深情地写道："如果我说没有燕妮·冯·威斯特华伦，那么卡尔·马克思就不能够成为卡尔·马克思，这一点都不过分。他们两个人情投意合，相互帮助。"

在马克思的一生中，充满了对燕妮的炽热的爱情。他常年奔波在外，甚至流亡，有时候不能够守侯在燕妮的身边，但是，不管有多么繁忙，他总是不忘记给燕妮写充满爱意的情书。在其中的一封情书里，马克思这样热烈地写道："你好像真的在我的面前一样，我衷心地珍爱着你，我从头到脚地吻你，我跪在你的面前，叹息着说：'我爱你，夫人'……"

友谊长青

在 1841 年的时候，马克思的那篇题为《德谟克利特的自然哲学与伊壁鸠鲁自然哲学的差别》的论文答辩终于通过了，他获得了博士学位，并顺利结束了大学生活。

在大学毕业以后，马克思希望能够留在大学里从事教学和学术研究的工作。但是，因为当时的德国封建专制制度和普鲁士政府实行反动政策，对有自由主义倾向的进步青年进行排挤和打击，所以，马克思最后放弃了要做一名学者的念头，他走进了社会，进了一家报社里面从事报刊工作，并直接投身于现实的政治斗争之中。

1842 年 4 月，马克思开始为《莱茵报》撰稿。在这一年的 10 月，他被聘请为这份报纸的主编。当时，《莱茵报》的全名是《莱茵政治、商业和工业日报》，这份报纸是由莱茵省的一些工业家和商人集资创办起来的。在创办之初，该报的编辑部负责人是青年黑格尔派的追随者，影响并不是很大。当马克思接手了主编的工作之后，他不仅使这份报纸的声誉大大增加了，而且使这份报纸具有了越来越明显的革命民族主义的倾向。报纸把批判对象的矛头直接指向了德国的封建专制统治。当然，这种情况立即就引起了普鲁士政府当局的恐慌和不满，并且在 1844 年 12 月查封了这份报纸。

在不断探寻真理和争取人类解放的斗争生活中，马克思在感到激动振

奋的同时，他也感到了疲倦，并且在内心深处还产生出了一种巨大的孤独感——漫漫长路，吾谁与归？在马克思那钢铁一样的坚强的身体下面，隐藏着一颗普通人的心灵，他也同样需要休息和抚慰，也同样需要朋友的友谊。所以，马克思经常想，如果能够和一位与他志同道合，并且坚强勇敢的战友一起并肩战斗的话，那将会是一件多么令人惬意的事情啊。可是，交一个朋友其实并不是太难，但要交上一个既能够为了共同的崇高理想努力奋斗，又能够经受住长时期的风浪和磨难考验的真正的朋友，确实是一件相当不容易的事情。

1844年8月23日，这一天对马克思来说是一个很不同寻常的日子。这天，在巴黎法兰西剧场一侧的雷让斯咖啡厅中，马克思独自坐在桌子旁边，他的眼睛注视着窗外熙熙攘攘来来往往的人群，他的脸上流露出一丝焦急的神态，他似乎正在等待一个重大时刻的到来。这个时候，马克思正在等待一个人，等待一位即将和他在时代的风浪中并肩战斗的忠诚的战友——恩格斯。

虽然这次在咖啡馆中的会晤时间并不是很长，但是却给马克思和恩格斯都留下了不可磨灭的印象，两人一见如故，并大有相见恨晚的感觉。

这次，恩格斯在巴黎逗留了10天，在这短短的10天中，他和马克思之间结下了终生的友谊，并且从此开始了他们长达40年的合作与战斗。从这以后，不管是在攀登科学高峰的路途中遇到了多么大的困难，不管各国政府、政治反动派和形形色色的机会主义派别对他们进行了何等残酷的迫害和打击，他们始终都在肩并肩地站在一起，向旧制度、向传统观念和宗教愚昧、向所有社会黑暗势力发起了一次又一次的猛烈冲击，并且他们共同承担起了领导国际共产主义运动的伟大历史重任。

在马克思的一生中，恩格斯是他最忠诚的朋友。后来，在马克思面对困难的时候，恩格斯总是会想尽一切办法，尽自己的全部力量去帮助他。为了能够帮助马克思，恩格斯甚至还不惜向家庭妥协，走上经商之路。

1850 年 11 月，恩格斯做出了巨大的牺牲，他要去曼彻斯特从事自己讨厌的商业。最先，他在公司里面担任职员、经理助理，他每天都要在阴暗而潮湿的房间里工作 10 个小时以上。而且在刚开始的时候，他的收入并不高，更没有固定的薪水，只有为数不多的交际费和生活费。但是，他总是想方设法地省吃俭用，然后把节省下来的钱都给马克思汇去，1 镑、3 镑、5 镑。

马克思不仅在生活上得到了恩格斯的帮助，而且在研究、写作上，他也从恩格斯那里获得了很多有益的帮助。《资本论》这本书是马克思集他毕生所学撰写出来的，是一部划时代的政治经济学著作。但是，这部作品的诞生同恩格斯有着非常密切的关系。这部令世界震惊的巨著是他们之间无与伦比的友谊和精诚合作的结晶。几乎可以说，如果没有恩格斯在经济上的大力支持和科学上的通力合作，《资本论》一书的创作和出版都是不可想象的。面对朋友的无私的援助，马克思的内心始终都是非常感激的，但是，恩格斯却觉得这只是自己应该尽的一点责任和义务而已，而且，恩格斯并不希望这件事让别人知道，因为他认为这是一件"私人的事情，与任何人都没有关系"。

1845 年初，马克思被法国政府驱逐出境了，被迫移居到比利时的布鲁塞尔。不久以后，马克思的夫人燕妮和女儿也到达了布鲁塞尔。在这时，全家人几乎一贫如洗。马克思一家人过着捉襟见肘的窘迫生活。可是，虽然在物质生活上很匮乏，但马克思一家人的精神生活却是充实的。马克思和燕妮不仅在生活上相互体贴，互相关爱，而且在事业上，马克思也得到了燕妮的理解和帮助。这个时候，马克思已经有两个女儿了。在节假日的时候，马克思和燕妮经常带着女儿们外出游玩或者旅行。在游玩中，他们经常倾心交谈。他们交谈的话题也十分广泛，涉及到了理想、工作、友谊和爱情。在这期间，他们谈论得最多的还是他们那对宝贝女儿。女儿给马克思和燕妮的生活带来了无限的欢乐，女儿就是他们的精神支柱和慰藉。

与此同时，马克思不仅有一个美满幸福的家庭，而且在布鲁塞尔，他还拥有一批亲密无间的朋友和同志。

在布鲁塞尔的时候，马克思和恩格斯一起组建了布鲁塞尔共产主义通讯社委员会，并且开始在工人中对科学社会主义理论进行宣传。1847 年，马克思和恩格斯接受了邀请，参加了德国工人的秘密组织者的同盟，并且积极参加了同盟的改组工作，将正义者同盟改为共产主义者同盟。为了能够更广泛地团结群众、教育群众，在马克思和恩格斯的倡议下，又成立了德意志工人协会。1847 年 11 月，马克思亲自出席了共产主义者同盟的第二次代表大会，并且受大会的委托和恩格斯共同起草了同盟的纲领性文件，这就是在 1848 年 2 月发表的《共产党宣言》。

在《共产党宣言》这部划时代的著作中，马克思和恩格斯充满激情地写道："一个幽灵，共产主义的幽灵，徘徊在欧洲的上空。就欧洲的一切势力，教皇和沙皇、梅特涅和基佐、法国的激进党人和德国的警察，都为驱除这个幽灵而结成了神圣同盟……"然后，在结尾，他们发出了响彻世界的号召："全世界无产阶级联合起来！"

《共产党宣言》发表了，这部作品的发表标志着科学社会主义的诞生。紧接着，马克思和恩格斯投入到了 1848 年的欧洲革命中去。当革命失败以后，马克思流亡到了英国，并在伦敦长期定居了下来。在 1850 年到 1852 年期间，马克思对 1848 年的革命工作经验作了总结，并写成了《1848—1850 年法兰西阶级斗争》和《路易·波拿巴的雾月 18 日》两本书。

伟大的《资本论》

在 19 世纪 50 年代，欧洲的主要资本主义国家都相继完成了产业革命。产业革命促进了资本主义生产关系的成熟和社会生产关系的发展。随着资本主义的进一步发展，资本主义内部固有的矛盾也慢慢地暴露了出来，无产阶级和资产阶级之间的矛盾也越来越深。面对这些新的问题、新的情况，马克思认为有必要对政治经济学进行专门的研究。马克思研究政治经济学的杰出成果就是《资本论》。

马克思不仅参加日常的革命斗争，而且他几乎把自己所有的精力都献给了《资本论》这本著作。为了写作《资本论》，他从 19 世纪 40 年代开始，一直到 80 年代逝世，他用了将近 40 年的时间。《资本论》凝聚了马克思 40 年的智慧和心血，是马克思生命的结晶，是体现了马克思整个一生的研究成果的一部鸿篇巨著，也是马克思为无产阶级解放事业树立的一座恢宏的历史丰碑。

马克思在伦敦定居下来以后，他在英国这个最典型的资本主义国家中，进行了长期的大量而艰苦的研究工作。马克思在伦敦进行研究的工作地点主要是大英图书馆。他经常从早上 10 点钟到晚上 7 点钟，在图书馆里待一整天。由于他在读书、研究资料的时候精神高度集中，所以，每当他在有所收获的时候，都会情不自禁地用双脚来回摩擦地板，时间久了，他就把地板上面磨去了一层漆，并且留下了很明显的痕迹。等他从图书馆回

到家里以后，也是他在和家人稍微放松以后，又走进书房，继续他的研究工作。当他在书房里面工作的时候，他总是踱来踱去的，时间长了，他甚至在门窗之间踏出了一条明显的痕迹。

马克思的一生几乎都是在贫困中度过的，即使是在他写作《资本论》的时期，他也经常食不果腹。但是，为了心中的那个理想，他并没有为五斗米折腰，他甚至放弃了多个国家当局对他的邀请，放弃了高官厚禄，依靠借债和典当，以及恩格斯的接济来维持生计。他的母亲在看到儿子的窘迫生活状况时，曾经说了这样的一句话："卡尔要是有一大笔资本，而不是写一本什么关于资本的书该有多好啊！"

马克思在写作《资本论》的时候，是本着一种严谨的科学态度，他力求精益求精。为了这个目的，他在写作《资本论》的过程中，总共阅读和研究了1500多种书籍和文献，并且写下了24本厚厚的笔记，14本厚厚的详细的摘录。不仅如此，马克思还力求要把自己的著作写得尽量完美。因此，他对书稿做了反复的修改和完善。1867年9月，耗费马克思巨大心血的《资本论》第一卷终于付梓出版了，这部作品的出版，使得马克思全家人都沉浸在快乐之中。后来，马克思又继续修改《资本论》的第二卷和第三卷，但是，他在生前并没有能够完成这项工作。后来，《资本论》的第二卷和第三卷由恩格斯和他的女儿艾琳娜整理出版。

在《资本论》中，马克思对资本主义社会的经济基础和上层建筑作了全面而详细的分析，使得整个资本主义社会的面貌跃然于纸上，他把资本主义社会中的各种现象都呈现在了世人的面前。在这其中，不仅包括了资本主义的生产关系，也包括了资本主义的家庭关系。在书的最后，马克思还对资本主义的必然灭亡、共产主义的必然胜利的历史必然性作了阐述。《资本论》不仅是一部伟大的哲学著作，同时也是一部杰出的政治经济学著作和科学社会主义著作。

永垂不朽

在早年的时候，马克思就曾经经受过贫困和疾病的困扰。后来，在长期的艰苦卓绝的斗争生活中，马克思的健康更是受到了严重的影响。到了晚年，马克思的健康状况开始急剧恶化，人们心目中的那个精力饱满的、豪放有力的形象再也不存在了。在这个时候，各种各样的病痛残酷地折磨着马克思，侵噬着他那具赢弱的身体。

在晚年的时候，马克思也愈来愈多地经历了老朋友和熟人的相继离去。朋友们的相继离世，使得马克思的心中增添了一种悲凉的感觉，同时，也促使马克思更加努力忘我地工作。只要他的健康状况稍微有所好转，他就会坐在书桌前紧张地工作，在他工作的时候，他把医生对他的告诫全部都抛到了脑后，他一门心思只想早一天把《资本论》的第二、第三卷完成。

其实，最让马克思痛苦不堪的并不是折磨着他的病痛，而是他的妻子燕妮的病逝。从 1876 年开始，燕妮就罹患上了一种重病。到了 1877 年，燕妮的病情越来越重，马克思和艾琳娜在夏天的时候，一起陪同她外出治病疗养，在这期间，燕妮的病情稍微有所好转。但是，好景不长，燕妮的病情又再度迅速恶化了。到了 1880 年，医生确诊燕妮患的疾病是肝癌。于是，在经历了一年病痛的巨大折磨之后，燕妮终于在 1881 年 12 月 2 日，恋恋不舍地离开了她深爱的马克思，离开了她为之操劳了一生的家，离开

马克思墓

了她的女儿们。

　　燕妮的死令马克思痛不欲生，使得他那颗原本已经很脆弱的心灵再次受到了剧烈的伤害。燕妮的死几乎使马克思这条航船停止了航行，事实上也确实是这样，马克思完全无法克制燕妮离世的悲痛。在燕妮去世的那天，恩格斯就说"卡尔也死了"。在此时此刻，马克思几乎可以算得上是身心俱疲，他再也经受不起任何的打击了。然而，在没有多久，1883 年 1 月 11 日，病痛中的马克思又经历了一次老年丧女之痛，他的大女儿珍妮也突然去世了。

　　从此以后，马克思就卧床不起了，只能吃一些流质食物。在 2 月的时候，马克思的肺部又出现了肺肿现象。到了 1883 年 3 月，在家人的悉心照料下，马克思的病情稍微有所好转。但是好景不长，在 3 月 14 日，当恩格斯来到书房中看望马克思的时候，恩格斯发现"他躺在那里睡着了，但已经长眠不醒了，脉搏和呼吸都已经停止了。在两分钟之内，他就那么安详地、毫无痛苦地与世长辞了"。

马克思去世的消息迅速地传遍了全世界。这一消息在无产阶级中掀起了巨大的悲痛的波澜。人们怀着对革命导师和领袖的爱戴之情，纷纷向伦敦发来了唁函，对马克思的去世表示了深切的哀悼，并且为全世界劳动者遭受的巨大损失而痛惜不已。但是，大家都坚定地表示：马克思将永垂不朽！马克思的辉煌业绩和伟大思想，将鼓舞着一代又一代人去完成那宏伟壮丽的共产主义事业。

八、精神分析学之父
——弗洛伊德

西格蒙特·弗洛伊德（1856—1939），他是 20 世纪最具有影响力、最具有才智的心理学家，是精神分析学说的奠基人。他是思想领域中的一个开拓者，他思考着用一种新的方法来对人性进行了解。他用自己毕生的经历对以前人们不曾关注过的"潜意识"做了研究，是他开拓了心理学研究的新领域，并且写下了许多有关心理学方面的著作。是他以创始人的身份，树立起了精神分析心理学派的旗帜。

弗洛伊德有一句名言是这样说的："能够为众多的普通人所爱戴的人，就算得上是声名不朽的人。"确实不错，弗洛伊德就是这样的一位不朽的伟人。弗洛伊德的学说不仅仅存在于精神分析的领域之中，而且还不断地向其他领域渗透延伸，甚至在文学、哲学、艺术等许多方面都产生了相当大的影响，并且逐渐被普通人所理解和接受。

不寻常的犹太男孩

1855 年，40 岁的雅可布·弗洛伊德和比他小 20 岁的犹太女孩阿美丽·娜丹森结婚了。在第二年，也就是在 1856 年 5 月 6 日，他们生下了一个男孩。这个男孩就是这篇文章的主人公，他的全名是西格蒙特·弗洛伊德。

弗洛伊德出生在现属捷克的摩拉维亚的弗莱堡市内的一座两层楼的小房子里。他从出生到 3 岁，都是在这座简陋的小房子里度过的。

弗洛伊德的父亲雅可布·弗洛伊德是一个心地善良、热心帮助人的犹太商人。而且他为人诚实而单纯。父亲的这些性格都遗传给了弗洛伊德，而且对弗洛伊德后来的一生产生了深远的影响。弗洛伊德的母亲阿美丽·娜丹森是一位富有智慧的年轻女性。实际上，母亲对弗洛伊德的影响比父亲对他的影响更为深远，这不仅仅是因为玛丽亚给予了弗洛伊德无微不至的关怀和照顾，让弗洛伊德对母亲有了很深厚的感情，而且还因为玛丽亚和弗洛伊德在一起生活的时间，比弗洛伊德与父亲在一起生活的时间更长久。

由于弗洛伊德的家族是一个犹太人的家庭，所以在弗洛伊德的一生中，犹太人的那种特殊的生活习惯、文化传统，以及犹太人在社会上受到的特殊的社会待遇，自始至终都在影响着弗洛伊德，并且对弗洛伊德的生活和科学研究都带来了影响。弗洛伊德在童年时代，甚至在他整个的一生

里，都是在世界对犹太民族的歧视和
民族压迫中度过的。与此同时，也正
是由于这种民族歧视和民族压迫，激
励着弗洛伊德顽强地奋斗。所以，弗
洛伊德最后取得的成就，也在一定程
度上与这有一定的关系。

弗洛伊德

1859 年，也就是在弗洛伊德 3 岁
的那一年，弗洛伊德全家搬迁到了德
国的萨克森区的莱比锡。

弗洛伊德在 10 岁以前的时候，他
都是在自己的家里接受教育。负责教
育他的人，主要是他的父亲。而他的
父亲的知识大多数又都来源于犹太教
的法典和生活经验。由于父亲的文化水平并不高，因此父亲的知识存在着
一定的狭隘性。虽然这样，不过弗洛伊德具有很强的领悟能力和分析能
力，对于父亲教给他的每一种知识，弗洛伊德都能够加以理解和创造。另
外，弗洛伊德还跟随着父亲学习了很多犹太教的历史、地理知识以及许多
民族习惯，这些知识在后来都对弗洛伊德产生了深刻的影响。

由于弗洛伊德已经具备了过人的智力，再加上他自己的努力，所以在
他九岁的那一年里，他以优异的成绩通过了中学的入学考试。于是，弗洛
伊德就比按照标准的中学入学年龄入学的学生提前了一年进入德国的一所
"吉姆那森"学校。当时，在德国和奥地利的中学实行的是八年制，在学
校教育中，包括了中学的全部课程和大学预科中的基本知识。因为在这种
学校里，要比在一般的中学多学一些专业性的知识，所以被称为是"吉姆
那森"。

在中学的时候，弗洛伊德在学习上表现得很勤奋刻苦。他从进入学校

一直到毕业，始终都是一名优等生。他不仅会按时完成老师布置的作业，而且他还经常做一些额外的练习。他很喜欢解析难题。他善于从一些看似没有希望解决的难题中寻找并发现突破口，然后再追寻着问题本身固有的逻辑方法，进行有条不紊的解析。弗洛伊德也善于创造问题本身不具备的、有利于解题的条件，并借助于这些新的条件来解答难题。弗洛伊德能够使那些初看起来让人望而生畏的难题迎刃而解。他不但会自己努力学习，而且还经常主动去帮助自己的妹妹，帮助他们掌握一种有效的学习方法。

弗洛伊德有着非常强烈的求知欲。他不仅仅满足于课文中的那些简洁的内容，而且他总是愿意把课文作为线索，阅读一些更加深入的、更为全面的相关的书籍。弗洛伊德从来就不把读书当成是自己的负担，在他的生活中，看书和思考成为了不可或缺的一部分。另外，弗洛伊德还经常和同学在一起讨论问题，对书中的真理进行探讨，有的时候甚至还为此争执得面红耳赤。

弗洛伊德的爱好很广泛，他喜欢钻研各门学科，包括历史、文学、地理、数学、物理、化学、外国语言等等，他都努力学习，并且取得了优异的成绩。弗洛伊德是一个学习语言的天才，他不仅精通拉丁文和希腊文，而且还熟练地掌握了法文和英文。除此以外，弗洛伊德还自学了意大利文和西班牙文，他对于犹太人的民族语言希伯来文更是相当得熟悉。

在 1873 年的时候，弗洛伊德以优异的成绩从"吉姆那森"学校毕业了。因为他的成绩优秀，所以被保送进了维也纳大学的医学院中学习。

大学生活时代的弗洛伊德

在 1873 年的秋季，弗洛伊德顺利地升入了维也纳大学的医学院中学习。当时，弗洛伊德才刚刚满 17 岁。

大概是受到了歌德、达尔文等人的影响，弗洛伊德在中学时代，就对人类本身的问题产生了非常浓厚的兴趣。他对于人的感情、性格，以及受压抑的情绪，早就有所察觉，并且很朴实地对这些问题进行过探讨，虽然在那个时候，他的探索总是显得那么的幼稚天真，但是却始终都遵循着一条原则：从人体的本身去寻找原因。这或许也可以说明为什么弗洛伊德会选择从事医学研究。

在大学的第一个学期中，弗洛伊德每周都要学习 23 个小时，其中有 12 个小时的解剖学课，有 6 个小时的化学课，另外就是这两门功课的实习和实验。

在第二学期中，他学习的科目包括解剖学、植物学、化学、显微镜实习，以及矿物学。另外，弗洛伊德还选修了由动物学家克劳斯主讲的"生物学与达尔文主义"课，以及布吕克教授主讲的"语态和语言生理学"。从那以后，布吕克教授就成了弗洛伊德在学习和研究方面的重要的导师。

在大二的时候，弗洛伊德除了继续学习他的专业课程以外，另外还选修了布连坦诺教授的哲学课。布连坦诺的哲学，不管是在当时还是在以后，都对西方哲学和心理学界产生了很大的影响。弗洛伊德连续听了 3 年

由布连坦诺教的哲学课。因此，弗洛伊德的哲学观点和心理学研究方法。在很大的程度上都受到了布连坦诺对他的影响。

这个时候，弗洛伊德已经进入了布吕克教授开设的生理研究室中学习，并且开始进行一系列的基础研究活动。弗洛伊德的科学事业正是开始于研究一般动物的生理机能和神经系统，这对弗洛伊德来说，在他的科学研究生涯中，具有相当重大的意义。弗洛伊德还深刻地分析了人类的精神活动，而且也是建立在这种稳固的研究的基础上的。在这段时期中，弗洛伊德的研究课题主要是神经元的内在结构，他对高等动物的神经系统的构成细胞和低等动物的神经细胞的差别作了探讨。这些研究都对弗洛伊德的精神分析学说的构建带来了很大的帮助。

1879 年的时候，弗洛伊德应征入伍。当时，弗洛伊德的身份是军医，所以，他在军队中仍然有充裕的时间来进行学习和研究。在这段时期内，弗洛伊德研究并且翻译了大量的哲学著作，尤其是柏拉图的哲学著作。柏拉图的哲学思想对弗洛伊德的哲学和精神分析学说产生了深刻的影响。

从 1873 年到 1881 年，弗洛伊德在维也纳大学医学院学习的这段时间，是他为精神分析学说奠定知识基础的时期。在这期间，他把大量的时间都用在了学习生物学、医学、病理学，以及外科手术等课程方面。在这里，弗洛伊德还结识了许多著名的学者，在这些人中除了有布吕克、克劳斯，另外还有著名的外科医生比尔罗斯、皮肤科专家赫伯拉、眼科专家阿尔德等人。他们都是当时在全世界享有盛誉的学者和医生。从他们那里，弗洛伊德学到了许多宝贵的知识，学到了很多用来从事科学研究的正确方法。

在 1881 年 3 月，弗洛伊德以优异的成绩通过了医学院的毕业考试。毕业典礼是在维也纳大学那座古老的巴洛克式建筑物中举行的，当时，弗洛伊德的父母以及他幼年时代的朋友里查德·弗路斯等人，都前来参加了毕业典礼。当时，得到一个医学学士的学位对弗洛伊德来说，并不是一件什么了不起的大事。人生的道路是漫长的，生活和科学研究的重担即将全面落在他的肩上。25 岁的弗洛伊德早就已经为自己的未来的命运作好了精神和物质上的准备。

精神分析学的萌芽

在 1881 年的时候，弗洛伊德大学毕业，然后他继续留在了布吕克教授的生理研究室中工作。他一边从事研究，一边担任大学的助教。当时，他的收入大约是每月 40 美元，但是，他却需要承担起赡养父母和抚养弟妹的重任，另外他还要考虑为结婚准备必要的资金。为了满足经济上的需要，弗洛伊德在完成了第三学期的助教工作后，就接受父亲和布吕克教授对他的劝告，改行做了一名专职医生。

在后人的眼里，弗洛伊德的这次转行，已经远远地超出了他自己的预想。当时，弗洛伊德和他周围的人，都是在更多地从改善经济收入的角度来看待这个问题的。但事实上，从弗洛伊德在日后取得的成就来看，他的这次转行对他未来的科学研究几乎起到了决定性的作用。当弗洛伊德在精神分析学的研究工作中获得了累累的硕果的时候，他曾经称这次转行是他事业上的一个"转折点"。这样的一个"转折点"，其意义就在于弗洛伊德从此获得了真正的进行医学实践的机会，并且为他在日后开展的精神分析工作提供了丰富的实际经验和大量详实的临床实例。

在 1882 年 7 月 31 日，弗洛伊德正式去了维也纳的全科医院里面工作。最开始的时候，弗洛伊德在医院里担任外科医生。在 1883 年 5 月，弗洛伊德转到了梅纳特的精神病治疗所里工作。在当时，梅纳特是一位著名的脑解剖学专家，他对大脑神经错乱症有相当的研究。在这里，弗洛伊德跟随梅纳特医生学习，并且积累了大量的有关于精神病方面的资料和经验。后来，弗洛伊德还在皮肤病科、神经科等科室里都工作过。不管他在哪一个科室中工作，他的主要兴趣始终都是对神经系统的生理结构和机能方面的研究。

从1882年到1885年，弗洛伊德对于人类神经系统的疾病有了非常深刻的认识，并且取得了初步的研究成果，他还发表了好几篇学术论文，这些学术论文是《喇蛄之神经纤维及神经细胞的构造》、《神经系统诸要素之构造》，以及《论可卡因》。因为弗洛伊德在神经系统组织学和临床方面积累的丰富的经验和取得的研究的成果，所以，弗洛伊德在获得了维也纳大学医学院讲师的资格后不久，他就被布吕克教授推荐到了最著名的神经病学专家沙考特那里，做了沙考特的学生，而且他还享受到了一笔为数可观的留学奖学金。在医学史上，沙考特是一位相当著名，相当有成就的神经病学专家。在当时，凡是能够成为他的学生的人，就等于获得了终生的"护身符"。

在1885年的秋季，弗洛伊德离开了维也纳的全科医院，只身前往巴黎。这就意味着他已经迈入了一个更加专门的研究领域之中——神经病学。弗洛伊德到了巴黎以后，拜见了沙考特，并正式成为了沙考特的学生，然后在沙尔彼得里哀尔的医院里实习。在这段时期，弗洛伊德主要致力于对歇斯底里病症进行研究，并且在1895年的时候，出版了《歇斯底里研究》一书。

当时，在医学界中，研究歇斯底里病症受到了普遍的反对。不过，面对重重阻碍，弗洛伊德仍然开创了一个精神分析学的新纪元。《歇斯底里研究》这本作品是弗洛伊德精神分析学在人类历史上闪现出来的第一道曙光。弗洛伊德在经历了几十年的艰苦的医学研究和临床实践之后，他终于克服了社会上的种族歧视的压力和生活上的经济困难的打击，终于在他将近40岁的时候，创立了精神分析学的雏型。

美满姻缘

在这段时期内，还发生了一件大事，对弗洛伊德也产生了巨大的影响，那就是弗洛伊德和玛莎·柏内斯之间的爱情。

有一些不了解弗洛伊德的人认为，像弗洛伊德这样一位对性心理有着特殊研究的人，一定是一个色情狂。其实，弗洛伊德对爱情和婚姻的态度就像他对待科学事业一样，给人以一种忠心耿耿、严肃认真的感觉。

和弗洛伊德一家人一样，玛莎一家人也是犹太人。由于各种历史方面的原因，玛莎一家人在 1869 年的时候，从汉堡迁居到了维也纳，并在维也纳定居下来。玛莎一家人就和弗洛伊德一家人认识了。玛莎·柏内斯是一位美丽迷人的犹太姑娘，她于 1861 年 7 月 26 日出生，她的家庭是一个书香门第。她比弗洛伊德整整小 5 岁。玛莎不仅人长得美丽，而且还很讨人喜欢。她在认识弗洛伊德之前，就曾经有过很多的爱慕者和追求者。据说，在弗洛伊德向她求爱以前，她差点儿和一个比她大许多岁的富商订婚。

弗洛伊德和玛莎之间的爱情完全是天意的安排。他们的爱几乎就是在一瞬之间发生的，但是他们之间的真情却持续了一辈子。在 1882 年 4 月的一个晚上，玛莎和她的妹妹明娜前去弗洛伊德的家中做客。一般来说，根据弗洛伊德的习惯，他在下班回家后，总是会直接走进自己的房间继续从事他的研究，他根本就不会搭理客厅里有没有客人。但是这一次不同，弗洛伊德一反常态，他下班回家后，没有直接回到自己房间，而是出人意料地来到了客厅，并且和客人聊起了天。因为他看见了一个美丽动人的姑娘正坐在餐桌的旁边，她一边削着苹果，一边高兴地聊天，她的美丽和她的谈吐在一霎那间就把弗洛伊德深深地吸引住了。弗洛伊德没有力量去抵抗她那美丽的诱惑，于是就很自然地来到了她的身边。这完全是命运的安排，是一场天意。弗洛伊德看见了玛莎的第一眼之后，他就再也不能够忘记了，于是，从此以后，玛莎的笑脸总是浮现在他的眼前。

可是，在爱情的面前，弗洛伊德仍然显得有点不知所措，表现得有些笨手笨脚。在他们认识的前几个星期内，弗洛伊德一直都生活在一种无形的精神压力之下，他显得很不自然，他也不敢壮着胆子直接去追求她。但是，他的这种精神压力很快就被一种难以忍受的感情的冲动打破了。弗洛伊德说"因为任何原因对这样的一位少女表现得假惺惺的，那都是不能够让人忍受的"，所以，弗洛伊德很快就冲破了内心的犹疑，他决心向她求爱。他每天都会送给她一朵红玫瑰，并且会在红玫瑰中附上一张名片，名片上面分别用拉丁文、西班牙文、英文或者德文写着箴言或者格言。他在第一次向她致意的时候，把她比喻成一个会用嘴唇衔来玫瑰和珍珠的"神仙公主"。从此以后，他就经常称呼她为"公主"。

然后，他们就开始快乐而幸福地交往起来，一起享受着爱情的欢乐。当然，在这期间，也曾经发生过一些不怎么令人愉快的事情，但是那完全是由于爱情的自私造成的。玛莎和她的表哥马克斯·迈尔之间的关系很亲密，但是两人之间完全是兄妹之情。不过，即使是这样，弗洛伊德仍然不能够忍受，他怀疑他的玛莎有可能移情别恋了。最后，还是玛莎主动向弗洛伊德妥协，并疏远了自己的表哥，才打消了弗洛伊德的疑虑。

在 1882 年 6 月 13 日，弗洛伊德前去玛莎家里聚餐。他们两个人在餐桌上眉目传情，当时被所有的人都看在眼里，家人们也为他们感到高兴。他们两人之间的感情迅速地升华了。6 月 17 日，这一天弗洛伊德和玛莎永

远都忘不了，因为这一天是他们的订婚日。在以后的好几年里，他们都要在每一个月的 17 号那天庆祝一番。

1886 年 9 月 13 日，弗洛伊德正式与玛莎结婚了。这个时候，弗洛伊德 30 岁，玛莎正好 25 岁。在刚刚结婚的那些日子里，弗洛伊德的经济状况仍然不是太好，这个时候，虽然他已经自己开了诊所，但是来找他看病的人却寥寥无几。所以，弗洛伊德每天的收入都很有限，他只好让自己的太太暂时过了一段比较艰苦的日子。但是玛莎是一个很贤惠的女人，她对弗洛伊德是支持的。正是由于她的贤惠和支持，生活上的困难才没有对弗洛伊德的工作造成影响。在生活中，玛莎总是把方便留给弗洛伊德，把困难留给自己来承担。1887 年 10 月，他们生下了一个女儿，取名叫马蒂尔德，女儿的降生给他们的家庭生活增添了更多的美满和幸福。紧接着，在1889 年 12 月和 1891 年 2 月，他们又连续生下两个儿子。

弗洛伊德对玛莎的爱情一直都是热烈而持久的，他对待爱情的态度也是忠贞不渝的。弗洛伊德不仅有一个幸福美满的家庭，而且还拥有一个蒸蒸日上的事业。对弗洛伊德来说，家庭只是他生活中的一部分，事业才是他的全部。

苦难中的辉煌

在 1895 年，弗洛伊德发表了《歇斯底里研究》，这标志着弗洛伊德的精神分析学已经正式建立起来。虽然这样，但是当时的精神分析学依然还存在着很多的矛盾和问题。于是，为了能够对精神分析学进行进一步的完善，从 1895 年开始，弗洛伊德又继续在不停地进行探索。在这个时期中，弗洛伊德的主要探索线路是沿着两个方向开展的，即通过对自我的分析和对梦的分析来进行的。

1896 年 10 月，弗洛伊德的父亲在 81 岁生日前不久就去世了。弗洛伊德对于父亲的去世感到很难过，此时，一些长期以来，一直被他压抑和潜藏着的情绪也因此被宣泄了出来。后来，弗洛伊德就试图用一种新的方式来对这一现象进行认识，而这种方式就是对自我进行分析，以及对梦进行分析。经过了长期的自我探索和研究之后，弗洛伊德终于凭借着自己的天才和努力取得了成功，而且他还总结了研究成果，并写出了《梦的解析》一书。

在《梦的解析》这本书中，弗洛伊德强调对梦的解析是认识无意识的一条捷径。他通过对自我的分析和对临床病例的"梦例"进行分析，得出了这样一个结论，那就是在人的精神活动中，梦起着主导作用。与此同时，弗洛伊德还指出，人的心灵的力量主要是性驱力，这是一种不固定的可塑性很强的力量，如果性驱力过剩的话，就会给人带来很多困扰，并且

使人的精神产生疾病。所以，人体内过剩的性驱力必须要释放出来，才能够得到快乐，并且预防痛苦。这种过剩的力量的释放有两种途径，一是通过身体释放出来，一是通过精神释放出来。"梦"就是释放这种能量的一种方式。

在弗洛伊德的临床实践中，经常都有病人给他讲述各种各样的离奇的梦境。这些梦境在正常人的眼里，与现实生活完全没有什么联系，甚至显得是那么的不可思议，但是对于弗洛伊德，他却都能够做出合理的解释。

在1899年11月4日，《梦的解析》一书终于出版了。第一版印刷了600本，但是却卖了8年才卖完。尽管这样，《梦的解析》这本书却像一把火炬一样，把人类心理中的深穴照亮了，并且揭示了许多隐藏在人的心理深层的奥秘。它不但为精神分析学奠定了稳固的基础，而且还触发了许多作家、艺术家的灵感。因为在这本书中，不仅包含了心理研究，而且还包含了许多对文学、神话、教育等领域具有启示性的新观点。

弗洛伊德在完成了《梦的解析》这部作品之后，他并没有停止自己前进的步伐，而且他还以更快的速度，开始建设自己在精神分析学领域中的"大厦"。大概在1900年到1910年之间，弗洛伊德经历了10年的孤立时期，在这段时期内，只有温暖的家庭生活能够给他的精神带来一些安慰，能够稍微缓解他的苦闷。但是，也正是在这段时期中，他才有了更多的时间和精力用来进行学术研究。在1900到1906年这段时间内，弗洛伊德连续发表了《日常生活的心理分析》、《少女杜拉的故事》和《性学三论》三部重要著作，随后，弗洛伊德又逐渐从孤立中突围，他的学说逐渐得到了学术界的承认，并且还产生了重大的影响。

1908年，弗洛伊德发表了五篇论文，它们是《文明化的性道德与现代精神病》、《诗人与幻想》、《幼儿关于性的想法》、《歇斯底里幻想及其两极性》和《性格与肛门爱》。此时，弗洛伊德已经胜利而圆满地打破了那种被孤立的状态，他使自己的学说在国际上得到了传播。在1908年夏天，

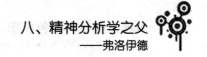

他访问英国之后，弗洛伊德又在 12 月份接受了美国麻省克拉克大学的邀请，并作为克拉克大学 20 年校庆的一名嘉宾。

1910 年召开的纽伦堡大会，在弗洛伊德的个人历史上，也是在精神分析学科学的发展史上，是一个非常重要的里程碑。从这以后，弗洛伊德就成为了国际性的知名科学家，他的学说迅速传播到了世界上的先进国家。不久后，一个被称为"国际精神分析学运动"的国际性学术活动广泛地开展了起来。

对世界的影响

    在弗洛伊德刚刚开始创立精神分析学说的时候，他就受到了学术界的鼓励，当然，也得到了学术界对他的批判和攻击。但是到了 20 世纪 20 年代，他的学说就已经被广泛地接受和应用了，这不仅表现在学术界，而且还开始向文学艺术界蔓延、渗透。弗洛伊德的精神分析学成为了对文化、艺术、宗教和人类学现象进行思辨的基础，而且还直接导致了现代文学艺术界国的各种流派的产生。

    在第一次世界大战后，西方国家的美术界和文学界中产生了"达达主义"。这个学派正是由于汲取了弗洛伊德的精神分析学，并对精神分析学加以了改造和利用的结果。这个学派中的成员否定语言、形象的任何思想意义，而是以梦呓、混乱的语言、怪诞荒谬的形象，来对不可思议的事物进行表现。后来，达达主义又延伸出了超现实主义，成员们都宣称潜意识领域、梦境、幻觉、本能是创作的源泉，这也是受到了弗洛伊德的学说的影响。但是，这些流派都只是片面、简单地运用了精神分析学，他们完全忘记了艺术家并不能够等同于精神病人，他们可以从前意识中返回到意识之中。所以，他们的作品大多都是荒诞不经的，是与现实脱离关系的。

    在 1925 年，弗洛伊德在和法国作家列诺曼一起讨论他的新剧《唐璜》的时候就认为，把精神分析学简单地应用到文学创作中，会导致出现危险的结果。弗洛伊德还认为，在艺术创作的过程中，心理活动确实是一种很复杂的现象。作家、画家、音乐家、诗人、雕塑家等艺术家们，他们都可以在心理的三个层面——意识、前意识和潜意识中进行活动。创作者能够在这三种心理领域中自由自在地翱翔，当然也有利于他们表现出作品的浪漫性和深刻性。所以，弗洛伊德又说，在文学艺术的创作中，恰好需要对意识，以及理智对于潜意识的控制力进行放松，使潜意识能够任意地驰骋，并拥有"自由联想"的机会。但是，在潜意识的活动之中和之后，作者毕竟还是一个具有理性的人，需要保持清醒的头脑，发挥"自我"和"超我"对于"原我"的控制作用，并且保持意识在整个创作过程中的独立自主的领导地位。总之，作为意识形态的艺术，是创作者的头脑对自然和社会生活的一种反映。艺术并不是纯粹情感的一种表现，而是理智与感知、意志与感情、意识与前意识和潜意识的联合表现形式。只有在这种全面的对精神分析学的认识前提下，才能够正确合理地利用精神分析学来创造出"完美"的"经典"作品。

除了美术界，另外，在电影界中，也出现了对精神分析学的热情追随。在 20 世纪 20 年代后期，法国电影界也开始把精神分析学运用到了电影创作之中。他们运用一些特别的镜头来表现人物的精神世界。后来，英国、美国又出现了恐怖心理片，专门描写酒徒、精神病患者和心理变态者的经历。到了 60 年代以后，很多电影更加深入地触及到了社会和人性冲突的区域，导演巧妙地运用了心理分析的方法，对人的心理动向作了表达，使得影片更加具有感染力。这一切都是对弗洛伊德精神分析学理论的一种应用。

在文学领域中，弗洛伊德更是亲自上阵。其实，他本人就一直对文学怀有浓厚的兴趣。因此，他也一直保持着与文学艺术界的联系，他关心文学艺术，还努力进行创作实践，这都使得他对文学艺术的理论问题、美学问题、文学艺术史的问题，以及写作方法的问题，都有着很深刻的认识和造诣。他曾经对索福克勒斯的悲剧《俄狄浦斯王》进行解释，认为这部剧

作中的情节具有普遍的实用性，原因在于每一个男孩都希望能够和母亲睡觉，并且消除实现这一愿望的障碍，也就是他的父亲。弗洛伊德称这种现象为俄狄浦斯情节。现在，这个名称在文学创作和评论中已经被广泛地采用了，而且还衍生出了很多类似的名词。

因为弗洛伊德创建的精神分析学除了医学领域以外，在其他许多领域中也广泛渗透，所以，弗洛伊德已经成为了当代社会中非常具有影响力的一个人物，他的精神分析学说在文学艺术领域中的影响力至今还仍然在延续。

病痛之苦

　　由于弗洛伊德在 20 世纪 20 年代的理论建设中，取得了丰硕的成果，以及他创立的理论在文学艺术领域中也有着广泛的扩散和渗透，因此，弗洛伊德在国际上的名声越来越响亮。1921 年 7 月，艾丁根请维也纳的雕刻家保罗·柯尼斯贝格专门为弗洛伊德雕塑了半身像，以此来庆祝弗洛伊德的 65 岁寿辰。弗洛伊德半身塑像的出现，意味着"弗洛伊德时代"的开始。从此以后，一直到弗洛伊德死后，弗洛伊德成为了越来越多的西方人崇拜的偶像之一。

　　在弗洛伊德 65 岁以后，他享有的声誉越来越高，可是弗洛伊德本人的遭遇却并不是一帆风顺的。他不但受到了社会危机的压力，而且在理论上他也不断受到来自反对派的攻击，此外，他的身体也越来越衰老，而且更为严重的是，从 1923 年开始，在弗洛伊德身上，潜伏了很多年的下颚癌已经开始恶化了，使得他不得不忍受着肉体上的巨大痛苦。面对病痛的折磨，弗洛伊德一直希望能够精神分析学能够在世界的各个角落中广泛传播。所以，他为了自己的理想，也必须要战胜病痛的折磨，必须要付出更大的艰辛。1923 年，当弗洛伊德发现了自己的严重疾病的时候，同时还发生了一件也使他感到万分悲伤的事情，那就是他的小外孙海纳勒突然因为患肺结核死去了，而这个孩子是弗洛伊德所见到的孩子之中最聪明的一个，深得弗洛伊德的喜爱。

弗洛伊德在承受着病痛的折磨和失去亲人的打击的同时，他还在继续为精神分析学会服务。在这段时期中，国际精神分析运动又面临着分裂的危险，弗洛伊德为了能够维护精神分析的统一，他不得不付出更多的努力。到了1927年，弗洛伊德的健康状况继续恶化下去了。与此同时，社会危机也正在笼罩着整个西方国家，经济大萧条、通货膨胀、物价飞涨，以及各国的政府都在进行军备竞赛。弗洛伊德已经陷入了一种内外交困的境地之中，但是即使是这样，弗洛伊德在1929年的时候，仍然写出了大量的著作，例如《陀思妥也夫斯基及弑父者》，等等。

当1929年圣诞节到来的时候，弗洛伊德已经凭借着坚强的毅力度过了他75岁的生日。在75岁的高龄中，他仍然笔耕不辍。在1930年，弗洛伊德又写出了《文明及其不满》等著作，并且获得了哥德文学奖。但是在这一年里，弗洛伊德的母亲去世了，病痛中的弗洛伊德沉浸在了巨大的悲痛之中。对母亲，弗洛伊德始终都怀着非常深厚的感情，尤其是每当他遇到困难的时候，他总是能够从母亲那里获得无穷无尽的力量。

1933年，希特勒在德国上台，并且开始疯狂地对犹太人进行迫害，同时向科学和文明宣战，很多科学家为了躲避迫害，都纷纷离开了德国和奥地利。弗洛伊德在面对纳粹的迫害狂潮时，他却表现得镇定自若。1933年5月，弗洛伊德的书被列为了"禁书"，纳粹焚烧了他所有的著作。面对法西斯的暴行，弗洛伊德虽然怒不可遏，但是他却又无可奈何。

在1936年5月，弗洛伊德度过了他一生中最为难忘的80岁的寿辰。当时，他收到了来自世界各地的贺信和人们给他发来的贺电，其中包括托马斯·曼、罗曼·罗兰、朱利斯·罗曼、威尔斯、维吉尼亚·吴尔夫、史迪凡·茨威格等人，他们都给他发来了热情洋溢的贺信。最令弗洛伊德感到高兴的是，大科学家爱因斯坦也给他寄来了贺信。在1938年3月11日，德国法西斯入侵了奥地利。和所有的犹太人一样，弗洛伊德也将难免会遭受到厄运，于是，在亲友的劝说之下，他只得流亡到英国。

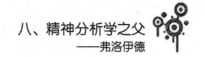

1939 年 2 月，弗洛伊德的下颚癌已经扩展到了无可救药的地步。英国医学界尽了全力为他进行医治，而且还特地请来了巴黎"居里研究院"中的放射线专家们用放射性物质为他进行治疗，但是仍然无济于事。到了 8 月，弗洛伊德的病情迅速恶化，以至他到了不能够进食的地步。在病痛的折磨中，弗洛伊德已经达到了他能够忍受的极限了，他对自己的医生说，希望能够很安静地死去。9 月 22 日，舒尔医生给弗洛伊德注射了吗啡，于是，弗洛伊德安静地睡着了。一天过后，弗洛伊德的心脏终于停止了跳动，他漫长的充满了斗争的一生就这样结束了。

弗洛伊德去世以后，为了纪念他，世界各地陆续出版了各种语言，各种版本的《弗洛伊德全集》，这也是弗洛伊德给整个人类留下的最宝贵的精神财富。